甘泉铁路公司
电力线路工安全技术培训教材

主　　编　　陈全心　　钮衍涛
副 主 编　　林　洪　　张天浩　　赵俊杰
参编人员　　王晓宇　　郝彦蒙　　苑二林

北京交通大学出版社

·北京·

内 容 简 介

本书从甘泉铁路公司实际工作情况出发，根据公司有关安全生产要求编写。

书中内容包括总则、铁路电力安全工作规程、电力工程施工安全技术规程、公司安全制度、触电急救、电力标准化作业标准等，对公司规章制度、电力线路工应知应会安全知识、电工基础，以及常用、常见电力线路工作业项目流程、操作规范、施工配合及验收重点、规范等进行介绍，涵盖了甘泉铁路公司供电专业安全、技术、施工工艺等方面的内容，具有较强的现场实用性和指导性。

图书在版编目（CIP）数据

甘泉铁路公司电力线路工安全技术培训教材 / 陈全心，钮衍涛主编；林洪，张天浩，赵俊杰副主编. —北京：北京交通大学出版社，2023.8
  ISBN 978-7-5121-5050-8

Ⅰ. ① 甘⋯   Ⅱ. ① 陈⋯   ② 钮⋯   ③ 林⋯   ④ 张⋯   ⑤ 赵⋯   Ⅲ. ① 铁路工程−电力线路−安全技术−技术培训−教材   Ⅳ. ① U22

中国国家版本馆 CIP 数据核字（2023）第 140946 号

甘泉铁路公司电力线路工安全技术培训教材
GANQUAN TIELU GONGSI DIANLI XIANLUGONG ANQUAN JISHU PEIXUN JIAOCAI

责任编辑：陈跃琴
出版发行：北京交通大学出版社　　　　电话：010-51686414　　　http://www.bjtup.com.cn
地　　址：北京市海淀区高梁桥斜街 44 号　　邮编：100044
印　刷　者：北京虎彩文化传播有限公司
经　　销：全国新华书店
开　　本：185 mm×260 mm　　印张：11.25　　字数：280 千字
版 印 次：2023 年 8 月第 1 版　　2023 年 8 月第 1 次印刷
定　　价：88.00 元

本书如有质量问题，请向北京交通大学出版社质监组反映。对您的意见和批评，我们表示欢迎和感谢。
投诉电话：010-51686043，51686008；传真：010-62225406；E-mail：press@bjtu.edu.cn。

目 录

1 总 则

甘泉铁路公司《电力线路工安全技术培训教材》根据公司有关安全生产要求编写，旨在方便供电干部、职工深入学习掌握有关规章制度、安全知识，强化安全意识，提高专业技能水平，树立遵章守纪、从严务实、科学严谨的良好工作作风。

2 铁路电力安全工作规程

第1章 基 本 要 求

第1条 运行中的供电设备系指全部带有电压，或部分带有电压及一经操作即可带有电压的设备。

铁路供电设备一般可分为高压和低压两种：

1. 高压：设备对地电压在 250 V 以上者。

2. 低压：设备对地电压在 250 V 及以下者。

第2条 电力工作人员必须具备下列条件方能参加作业：

1. 经医生诊断无妨碍从事电力工作的病症，如心脏病、精神病、癫痫、聋哑、色盲、高血压等，如经体格检查（一般两年一次）发现有上述病症，应及时调换其工作。

2. 具备必要的电力专业知识，熟悉本规程有关内容，并经考试合格。

3. 会触电急救法。

第3条 对电力工作人员必须按下列规定进行技术安全考试：

1. 定期考试：每年一次。

2. 临时考试：

（1）新参加工作已满六个月者。

（2）工作连续中断三个月以上又重新工作者。

（3）工种或职务改变者。

第4条 新参加电力工作的人员、实习人员和临时参加劳动的人员（干部、临时工等），必须经过安全知识教育后方可随同参加工作，但不得单独工作。

外单位支援、学习人员参加工作时，应由工作执行人介绍设备情况和有关安全措施。

第5条 安全用具试验。

本规程所指的安全用具应按《电力设备试验标准》进行试验，并合格者。

第2章 保证安全工作的组织措施

第6条 在运行中的高压设备上作业按下列分类：

1. 全部停电作业：系指电力线路全部中断供电，或变、配电设备进出线全部断开的作业。

2. 邻近带电作业：系指变、配电所内停电作业处所附近还有一部分高压设备未停电；停电作业线路与另一带电线路交叉跨越、平行接近，安全距离不够者；两回线以上同杆架设的线路，在一回线上停电作业，而另一回线仍带电者；在带电杆塔上刷油、除鸟巢、紧杆塔螺丝等作业。

3. 不停电的作业：系指本身不需要停电和没有偶然触及带电部分的作业，如更换绑桩、涂写杆号牌、修剪树枝、更换灯泡、检修外灯灯伞等作业。

4. 带电作业：系指采用各种绝缘工具带电测量低压负荷电流、电压，检修或穿越低压带电线路，拆、装引入线等工作，以及在高压带电设备外壳上的工作。

第7条 在电力设备上工作，保证安全的组织措施为：

1. 工作票制度（包括口头命令或电话命令）。

2. 工作许可制度。

3. 工作监护制度。

4. 工作间断和转移工地制度。

5. 工作结束和送电制度。

第8条 在电力设备上工作，应遵守工作票制度，其方式如下：

1. 填用停电作业工作票。

2. 填用带电作业工作票。

3. 填用倒闸作业票。

4. 以口头或电话命令时，应填入安全工作命令记录簿。安全工作命令记录簿与工作票同等重要。

第9条 在下列设备上全部停电、邻近带电的作业，应签发停电工作票：

1. 高压变、配电设备上的作业。

2. 高压架空线路和高压电缆线路上的作业。

3. 高压发电所停电（机）检修，或两套以上有并车装置的低压发电机组中任一机组停电作业。

4. 在控制屏（台）或高压室内二次接线和照明回路上工作时，需要将高压设备停电或做安全措施者。

5. 在两路电源供电的低压线路上的作业。

第 10 条 在下列设备上作业，应填写带电作业工作票：

1. 在高压线路和两路电源供电的低压线路上的带电作业。

2. 在控制屏（台）和二次线路上工作时，无须将高压设备停电的作业。

3. 在旋转的高压发电机励磁回路上，或高压电动机转子电阻回路上的工作。

4. 用绝缘棒和电压互感器定相，以及用钳形电流表测量高压回路的电流。

第 11 条 在下列设备上作业，按口头或电话命令执行：

1. 单一电源供电的低压线路停电作业。

2. 测量接地电阻，涂写杆号牌，修剪树枝，检查杆根腐朽、电杆裂纹、拉线地锚，打绑桩和杆塔基础上的工作。

3. 低压电缆上的作业。

4. 测量低压负荷电流和电压。

5. 拉合线路高压开关，配电变压器一、二次开关，以及变、配电所内开关的单一操作。

第 12 条 当作业范围涉及相邻铁路局、铁路分局、水电段时，必须取得铁路局电力调度口头或电话命令。当作业范围涉及本段其他配电所时，必须取得水电段电力调度的口头或电话命令；受令人和发令人双方均应认真记录、录音，并复诵无误后方可执行。

第 13 条 工作票所列人员的条件和责任如下：

1. 工作票签发人：由工长、调度员、所主任、技术人员或段总工程师指定人员担任，其责任是：

（1）判断工作的必要性。

（2）采取正确、完备的安全措施。

（3）正确指派各项工作相关人员。

2. 工作领导人：由所主任、技术人员或工长担任，负责统一指挥两个以上工作组的同时作业和总的作业安全及日常的安全思想教育。

3. 工作执行人：由熟悉设备、工作熟练、责任心强、有一定组织能力的人员担任，其责任是：

（1）检查现场安全措施是否完备。

（2）向工作组员正确布置工作，说明停电区段和带电设备的具体位置；监护工作组员的安全，检查工作质量，按时完成任务。

4. 工作监护人：由配电值班员或能独立工作、熟悉设备和有一定工作经验的人员担任，其责任是：

（1）在现场不断监护工作组员的安全。

（2）发现危及人身安全的情况时，立即采取措施，坚决制止继续作业。

（3）一旦发生意外情况，迅速采取正确的抢救措施。

5. 工作许可人：由配电值班员或能独立工作、熟悉设备和有一定工作经验的人员担任。在线路停电作业时，由工作执行人指定工作许可人完成有关安全措施。工作许可人的责任是：

（1）完成作业现场的停电、检电、接地封线等安全措施。

（2）检查停电设备有无突然来电的可能。

（3）向工作执行人报告允许开工时间。

6. 工作组员：由技术、安全考试合格者担任，其责任是：

（1）明确所分担的任务，并按时完成。

（2）严格遵守纪律，执行安全措施，关心组员的安全。

（3）发现问题及时向工作执行人提出改进意见。

第 14 条　工作票签发人不能兼任工作执行人；工作领导人、工作执行人均不能兼任工作许可人。

第 15 条　工作票应用钢笔、圆珠笔填写，字迹清晰，不得涂改，并于作业前一天交给工作执行人或工作领导人。工作中如需改变工作内容、扩大或变更工作地点，应更换新的工作票。

工作执行人要求变更工作组员时，应取得工作票签发人同意，并在工作票内注明变更理由。

第 16 条　工作票的有效期间不得超过 3 天，工作间断超过 24 h 应重新填发工作票。

第 17 条　工作票按下列规定填发和管理：

1. 在发、变、配电所内作业或由发、变、配电所停电的线路上作业时，应填写一式两份，其中一份发给值班员，另一份发给工作执行人（有工作领导人时，发给工作领导人）。上述以外的作业，可填一份发工作执行人。

2. 一般一个工作地点或一个检修区段填发一张工作票。但如在一个发、变、配电所内全部停电或在一个站场内（由配电所依次倒闸停送电时除外）几条线路全部停电，并有两组同时工作时，可仅签发一张工作票，发给工作领导人。如上述作业仅有一组工作，需要检修另一线路时，应按转移工地办理。在一个工作执行人负责的工作尚未结束之前，禁止发给他另一张工作票。

3. 发给工作领导人的工作票，应注明工作组数及各工作执行人的姓名。

4. 当各工作负责人在工作前对工作票中的内容有疑问时，应向签发人询问明白，然后进行工作。

5. 工作结束后，工作票一份由值班员保存，另一份交回签发人保存，保存期为 3 个月。

第 18 条　事故紧急处理可不签发工作票，但必须采取安全措施。

第 19 条　当施工单位在水电段管辖的电力设备上施工时，应向水电段有关的电力工区或变、配电所办理工作票手续。

第 3 章　工作许可制度

第 20 条　在不经变、配电所停电的线路上作业时，由工作执行人指定工作许可人办理完安全措施后方可开始工作。

第 21 条　凡经变、配电所停电的作业，工作许可人（值班员）应审查工作票所列安全措施是否完备，是否符合现场条件，在完成所内停电、检电、接地封线等安全措施后还应：

1. 会同工作执行人检查安全措施，以手触试证明检修设备确无电压。

2. 对工作执行人指明带电设备的位置、接地线安装处所和注意事项。

3. 双方在工作票上签名后方可开始工作。

第 22 条　工作执行人、工作许可人都不得擅自变更安全措施，值班员不得变更检修设备的运行接线方式。遇有特殊情况需要变更时，应取得工作票签发人的同意。

第 23 条　当停电作业的线路与其他单位的带电线路交叉跨越安全距离不够时，应同有关单位办理停电许可手续。严禁约定时间停电、送电。

第 24 条 工作监护制度是保证人身安全和正确操作的重要措施。在作业过程中，工作监护人和工作执行人都应在现场认真监护工作组员的安全。工作组员应服从工作执行人和工作监护人的指挥。

第 25 条 完成工作许可手续后，工作执行人（工作监护人）应向工作组员交代带电部位、已采取的安全措施和其他注意事项。在下列情况下工作执行人可参加具体工作：

1. 在变、配电设备上进行全部停电作业。

2. 在变、配电设备上进行邻近带电作业，工作组员不超过三人，且无偶然触及带电设备可能时。

3. 架空线路停电作业的工作地点较集中，且附近又无其他电线路时。

第 26 条 对工作条件复杂，有触电危险的工作，应设专职监护人。专职监护人不得兼任其他工作。

第 27 条 在工作中遇有雷、雨、暴风或其他威胁工作组员安全的情况时，工作执行人或工作监护人应及时采取措施，必要时停止工作。

第 28 条 在白天，因吃饭或休息暂时中断变、配电所作业时，全部接地线可保留不动，但工作组员不宜单独留在高压室内。暂时中断电线路作业时，如果工作组员已离开现场，应派人看守工地。恢复工作前，工作执行人应检查接地线等安全措施。

第 29 条 如果使用数日有效的停电工作票，每日（次）收工时，应清理工地，开放已封闭的道路，将工作票交给值班员，但临时接地线、防护物及标示牌可保持不动。次日开工前，工作许可人必须检查工地所有安全措施，重新履行许可开工手续，方可开始工作。

第 30 条 当一个工作组按照工作票在几个工作地点依次进行工作时，应按下列规定转移工地：

1. 工作组员在规定时间内只可在指定地点工作，如无工作执行人命令，不得自行转移工地。

2. 每次转移到新工地时，应履行工作许可手续，并在工作票上注明新工作地点及在安全措施栏内记入装设接地线的电杆号数；转移工地时，应在工作票上填记。

第 31 条 完工后，工作组应清理工具、材料，工作执行人详细检查工作质量。当工作组员全部由作业设备上撤离后，按下列程序恢复送电：

1. 线路局部停电作业：由工作执行人通知工作许可人撤除地线，摘下标示牌，然后合闸送电。

2. 干线停电作业：配电值班员接到工作执行人工作已结束的通知后，将工作执行人的姓名、通知时间及通知方法等记入工作票和工作日志内，然后摘下标示牌，撤除接地线，方可合闸送电。多组作业时，应注意标示牌数目与结束工作的组数相符。

3. 在变、配电设备上作业时，配电值班员接到工作执行人工作已经结束、工作组人员已撤出工地的报告后，将完工的时间记录在两份工作票内，按下列次序恢复送电：

（1）核对摘下的标示牌数与结束工作组数是否相符。

（2）撤除临时接地线，并按登记号码核对，确认无遗漏。

（3）撤除临时防护物及各种标示牌。

（4）恢复常设栅栏。

（5）合闸送电。

送电后，工作执行人应检查设备运行情况，正常后方可离开现场。

第 32 条 对于全部停电作业和邻近带电作业，必须完成下列安全措施：

1. 停电。

2. 检电。

3. 接地封线。

4. 悬挂标示牌及装设防护物。

上述措施由配电值班员执行。对无人值班的电力设备（包括电线路），由工作执行人或指定工作许可人执行。

第 4 章　保证安全的技术措施

第 33 条 停电、检电、接地封线工作必须由两人进行（一人操作，一人监护）。操作人员应戴绝缘手套，穿绝缘鞋（靴），戴护目镜，用绝缘杆操作（机械传动的开关除外）。人体与带电体之间的安全距离应不小于 0.7 m，有安全防护遮栏时最小安全距离应不小于 0.35 m。

第 34 条 电力线路作业时，必须停电的设备如下：

1. 作业的线路，即断开发电所（车），断开变、配电所向作业线路送电的断路器和隔离开关，或断开作业线路各端的柱上油断路器、隔离开关或熔断器。

2. 断开有可能将低压电返送到高压侧的开关。

3. 工作组员的正常活动范围与带电设备之间的安全距离小于表 2-1 规定的检修线路和邻近、交叉的其他线路。

4. 与接触网合架的高压电力线路必须利用接触网"天窗"时间作业。

表 2-1　电力线路检修时的安全距离

带电导线电压	与检修的线路的安全距离/m	与邻近、交叉的其他线路的安全距离/m
1 kV 及以下	0.2	0.2
>1～10 kV	0.7	1.0
>10～35 kV	1.0	2.5
>35～66 kV	1.5	3.0

第 35 条　在发、变、配电所内检修时，必须停电的设备如下：

1. 检修的设备。

2. 工作组员的正常活动范围与带电设备之间的安全距离小于表 2-1 规定的设备。

3. 带电部分在工作组员后面或两侧，且无可靠安全措施的设备。

第 36 条　停电检修时，必须把各方面的电源完全断开（运用中的星形接线设备的中性线应视为带电设备），断开油断路器的操作电（能）源，油断路器、隔离开关的操作机构必须加锁，检查柱上油断路器"分、合"指示器。禁止在只经油断路器断开电源的设备上工作，必须断开隔离开关，使各方面至少有一个明显的断开点。与停电设备有关的变压器和电压互感器，必须从低压侧断开，防止向停电设备反送电。

第 37 条　对于低压停电作业，应从各方面断开电源，将配电箱加锁。当没有配电箱时，应取下熔断器。当在多回路的设备上进行部分停电作业时，应核对停电的回路与检修的设备，严防误停电或停电不彻底。

第 38 条　检电工作应在停电以后进行。检电时，应使用电压等级合适的验电器，并先在其他带电设备上试验，确认良好后再进行。

第 39 条　变、配电设备的检电工作，应在所有断开的线端进行。对于油断路器或隔离开关，应在进出线上进行。电力线路的检电应逐相进行。对于同杆架设的多层电力线路，应先验低压，后验高压；先验下层，后验上层。对于架空线路局部作业，应在工作区段两端装接地线处进行。对低压设备的检电，除使用检电笔外，还可使用便携式电压表进行。当用电压表检电时，应在各相之间及每相对地之间进行检验。

第 40 条　检电器上不得装接地线。但在木杆、木梯或木架上使用特殊检电器不装地线不能显示时，可不受此限。

第 41 条　表示开关设备断开的指示信号、经常接入的电压表，不能作为设备无电的依据。但如果指示有电，则未经采取安全措施，严禁在设备上工作。

高压检电必须戴绝缘手套，并有专人监护。如在室内高压设备上检电，还需穿绝缘靴或站在绝缘台上。

第 42 条 架空线路停电作业时，经验明无电后，应立即将已接地的接地线对已停电的设备进行三相短路封线。短路封线的位置如下：

1. 施工区段两端临近断路的电杆。

2. 有可能返送电到作业线路的分歧线和有关开关。

3. 从其他方面无来电可能时，可仅在电源侧接地封线。

4. 施工场所距断路器及接地封线处较远，且联系不便时，应加挂接地封线。

5. 有感应电压反应的停电线路，应加挂接地封线。

第 43 条 接地线与作业设备之间不应连接开关或熔断器。当在分段母线上作业时，应将分段母线分别检电和接地封线。

第 44 条 室内高压设备应在适当位置上设固定接线端子及接地线，以备停电检修之需。接地线的数量、号码应登记注册，交接班时注意交接。在线路上装设接地线所用的接地棒（接地极）应打入地下，其深度不得少于 0.6 m。

第 45 条 接地线应该用多股软铜线和专用线夹固定在导线上。导线截面积应符合短路电流要求，但不得少于 25 mm²。使用前应经过详细检查，损坏的接地线应及时修理或更换。严禁使用其他导线代替。禁止使用缠绕的方法进行接地或短路封线。

第 46 条 在高压回路上需要拆除一部分接地线或全部接地线进行工作时（如测定母线和电缆的绝缘电阻，检查开关触头是否同时接触），必须征得值班员的许可方可进行，工作完毕后应立即恢复。

第 47 条 装设接地线时，应接触良好，必须先接接地端，后接导体端。当同杆架设的多层电力线路同时挂接地线时，应先挂低压，后挂高压；先挂下层，后挂上层。拆除接地线的顺序与此相反。在导线上装拆接地线时，应使用绝缘棒并戴绝缘手套。

第 48 条 低压线路的停电作业，在工作地点验明无电后，将各相短路接地。

第 49 条 停电线路与带电线路交叉跨越时，应挂接地线的地点如下：

1. 停电线路在带电线路上方交叉，不松动导线时，应在停电线路交叉档处挂一组。

2. 停电线路在带电线路下方交叉，松动导线时，应在停电线路交叉档处挂一组。

3. 停电线路在带电线路的上方交叉，松动导线时，应在停电线路交叉档内两侧各挂一组。

4. 因停电线路撤换电杆或松动导线而停电的其他线路，也应挂接地线。

第 50 条 标示牌分为"警告类""禁止类""准许类""提醒类"等。严禁工作组员未经许可擅自移动或拆除临时遮栏和标示牌。

第 51 条　各种标示牌悬挂场所如下：

1. 变、配电所和线路上停电作业：在一经合闸即可送电到工作地点的断路器或隔离开关的操作把手上，悬挂"禁止合闸、有人工作"的标示牌。

2. 邻近带电作业：在室内高压设备的工作地点两旁间隔和对面间隔的遮栏上，在室外工作地点四周的围栏上和禁止通行的过道上，在架空导线断线处，以及被试验的高压设备的遮栏或围栏上，悬挂"止步！高压危险"的标示牌。

3. 在工作地点悬挂"在此工作"的标示牌。

4. 在工作组员上下用的铁架或梯子上悬挂"从此上下！"的标示牌。

5. 在可能攀登的带电设备的架构上悬挂"禁止攀登，高压危险！"的标示牌。

6. 在开关柜内挂接地线后，应在开关柜的门上悬挂"已接地"的标示牌。

第 5 章　运行和维护

第 52 条　配电值班员和值班负责人应具有一定专业知识和实际工作经验，熟悉电气设备性能和供电系统情况，掌握操作技术，并有处理事故的能力。配电值班人员每班一般不应少于两人。

第 53 条　凡有高压设备的变配电所，应具备以下安全用具：

1. 高压绝缘拉杆、绝缘夹钳。

2. 高压检电器和低压检电笔。

3. 绝缘手套、绝缘靴、绝缘鞋及绝缘台、绝缘垫。

4. 有足够数量的接地线。

5. 各种标示牌。

6. 各种登高作业的安全用具，如安全腰带、绝缘绳、安全帽等。

7. 有色护目镜。

第 54 条　在变、配电所进行停电检修或工程施工时，值班人员应负责完成有关安全措施，并向工作执行人指出停电范围和带电设备位置。

第 55 条　高压配电室、电容器室、变压器室等室和高压开关柜上的钥匙，应由值班员妥善保管，按班移交。当因工作需要借给工作执行人使用时，必须登记，当日交回。

第 56 条　发、变、配电所的配电值班人员及其他有关人员，可以单独巡视高压设备，清扫通道，但不得移开常设遮栏或进入常设遮栏内。当需进入时，应有人监护，并与高压带电体之间保持不小于表 2-1 规定的安全距离。在雷、雨天气巡视室外高压设备时，应穿绝缘靴，但不得靠近避雷器和避雷针。

第 57 条 当高压设备发生接地故障时，在室内工作组员不得接近故障点 4 m 以内，在室外工作组员不得接近故障点 8 m 以内。当需进入上述范围或操作开关时，必须有绝缘通道（绝缘台）或穿绝缘靴；接触设备的外壳和构架时，应戴绝缘手套。巡线人员如果发现导线断线，应设置防护物，并悬挂"止步！高压危险"的警告牌，防止行人接近断线地点 8 m 以内，并迅速报告电力调度和有关领导，等候处理。

第 58 条 巡视电线路时，可由有实际工作经验的电力工单独进行，未经技术安全考试合格的人员不得单独巡线。昼间巡线可以登杆更换灯泡和插入式保险，拧紧最下部低压横担螺帽等，但与高压带电部分必须保持表 2-1 的安全距离，不得与低压导线接触。夜间巡线和登杆更换灯泡、保险丝，必须两人进行。巡线时，应始终认为线路上有电。巡线时，应沿着线路的外侧进行，以免触及断落的导线。夜间禁止攀登灯塔（桥）进行作业。

遇有雷雨、大风、冰雪、洪水及事故后的特殊巡视，应由两个人一同进行。

第 59 条 倒闸作业票应根据工作票或调度命令由操作人填写，由工长或工作监护人签发。每张倒闸作业票只能填写一个操作任务。

第 60 条 停电操作必须按照断路器、负荷侧隔离开关、母线侧隔离开关的顺序操作。送电操作顺序与此相反。

第 61 条 倒闸作业前，应按倒闸作业票记载的倒闸顺序与模拟图核对且二者应相符，如有疑问，不得擅自更改，经向电力调度或值班长报告，查清情况后再操作。倒闸作业必须由两人进行，一人操作，一人监护，每完成一项做一记号"√"。全部操作完毕后进行复查，并报告发令人。

第 62 条 操作机械传动的隔离开关和绳索传动的柱上油开关，应戴绝缘手套。操作非机械传动的隔离开关、跌落式熔断器和摘挂跌落式熔断器保险管，应使用绝缘拉杆，戴绝缘手套，雨天应使用有防水罩的绝缘拉杆。登杆作业时，应戴安全帽，并系好安全腰带。

第 63 条 更换变压器高压侧熔丝时，应先切断低压负荷，不准带负荷断开 100 A 及以上无消弧装置的低压开关。雷电时，禁止倒闸作业和更换熔丝。

第 64 条 下列项目应填入倒闸作业票：

1. 应拉合的断路器和隔离开关。

2. 检查断路器和隔离开关位置。

3. 检查接地线是否拆除。

4. 装拆接地线。

5. 安装或拆除控制回路及电压互感器回路的保险器。

6. 切换保护回路和检验是否确无电压等。

第 65 条 在发生人身触电事故时，可不经许可立即断开有关断路器和隔离开关。在未断开有关开关和做好安全措施以前，抢救人员不得直接触及带电设备和触电人员，亦不得进入围栏内。

第 66 条 下列工作可不用倒闸作业票：

1. 事故处理的操作：操作后记入工作日志并及时上报。

2. 拉合线路开关或变压器一、二次开关：可根据工作票或口头命令进行。

3. 同一台开关柜内开关的单一拉合操作：操作可根据工作票或调度命令进行，操作后记入工作日志，并报告发令人。

第 67 条 倒闸作业票要有编号，依次序使用。作废的和使用过的倒闸作业票，应注明"作废"和"已执行"字样。倒闸作业票用后保存三个月。

第 68 条 在运行的电流互感器二次回路上工作时，应采取下列安全措施：

1. 严禁将电流回路断开。

2. 为了可靠地将电流互感器二次线圈短路，必须使用短路片或短路线，禁止使用导线缠绕。

3. 禁止在电流互感器与短路端子之间的回路和导线上进行任何工作。

4. 工作时，应有专人监护，应使用绝缘工具、站在绝缘垫上，且不得将回路中的永久接点断开。

第 69 条 在运行的电压互感器二次回路上工作时，应采取下列安全措施：

1. 严格防止短路或接地。

2. 应使用绝缘工具，戴绝缘手套，必要时在工作前停用有关继电保护装置。

3. 接临时负载时，必须装有专用的开关和熔断器。

4. 二次回路通电试验时，为防止由二次侧向一次侧反变压，除将二次回路断开外，还应取下一次侧熔断器。

5. 二次回路通电或耐压试验前，应通知值班员和有关人员，并派人看守现场，检查回路，确认无人工作后方可加压。

6. 检查继电保护和二次回路的工作组员，未经值班员许可，不准进行任何倒闸操作。

第70条 发、变、配电所进行预防性试验时，应由受试单位签发停电作业工作票，由配电值班员采取安全措施，办理许可开工手续。需要部分或全部撤除临时接地线时，应由值班员配合进行。

第71条 因试验需要断开设备接头时，拆前应做好标记，接后应进行检查。

第72条 高压试验必须由两人进行（一人操作，一人监护），操作人员应戴绝缘手套，穿绝缘靴或站在绝缘台上进行。

第73条 大电容设备或电容器耐压试验前后应充分接地、短路放电。

第74条 为测量杆塔、变压器、避雷器的接地电阻而拆装接地线时，应戴绝缘手套。在接地线与接地极断开后，禁止触及接地线。

第75条 测量低压线路和变压器低压侧的电压和电流时，可根据口头命令进行。测量时应注意安全距离，并防止相间短路。

第76条 用摇表测量高压设备的绝缘电阻时，应由两个人进行，并从各方面断开电源，检查无电和确认设备上无人工作后方可进行。在测量前后，必须将被测设备（包括电缆）对地放电；在测量中，任何人禁止触及设备。

在有感应电压反应的线路上（同杆架设的双回线或与其他线路平行、交叉）测量绝缘时，必须将另一回线或平行、交叉的其他线路同时停电。雷、雨天气禁止测量线路绝缘。

第77条 测量带电的交叉跨越线路的垂直距离时，禁止使用金属尺、测量绳。

第6章 架空和电缆线路

第78条 登杆前应检查和做好下列事项：

1. 确认作业范围，防止误登带电杆塔。

2. 新立电杆回填土应夯实。

3. 冲刷、起土、上拔和导线、拉线松弛的电杆，应采取安全措施。

4. 杆塔脚钉应完整、牢固。

5. 登杆工具、安全腰带应完好合格。

第79条 杆上作业应遵守下列规定：

1. 工作组员必须系好安全腰带，作业时安全腰带应系在电杆或牢固的构架上。

2. 转角杆不宜从内角侧上下电杆，正在紧线时不应从紧线侧上下电杆。

3. 检查横担腐朽、锈蚀情况时，严禁攀登腐朽、锈蚀超限的横担。

4. 杆上作业所用工具、材料应装在工具袋内，用绳子传递，严禁上下抛扔工具和材料。地上人员应离开作业电杆安全距离以外，杆上、地上人员均应戴安全帽。

第 80 条 在带电线路杆塔上工作，应遵守下列规定：

1. 在带电杆塔上刷油，除鸟巢，紧杆塔螺丝，查看金具、瓷瓶，更换外灯保险和灯泡时，工作组员活动范围及其所携带工具、材料等与带电导线间的最小安全距离不得小于表 2-1 的规定。

2. 在自动闭塞电线路上作业时，不得同时触及两条低压电源线。

3. 工作组员使用安全腰带，风力应不大于五级，并有专人监护。

第 81 条 停电检修线路与其他带电线路交叉时，应遵守下列规定：

1. 工作组员的活动范围与另一回带电线路间的最小安全距离不得小于表 2-1 的规定，否则另一回线亦应停电并接地。

2. 停电检修线路与另一回带电线路的距离虽大于安全距离，但如果作业过程中仍有可能接近带电导线，且二者间距离在安全距离以内时，作业导线、绞车或牵引工具必须接地。

3. 在交叉档撤线、架线、调整弛度，只有停电线路在带电线路下面时才能进行，且必须采取防止导线跳动、滑跑或过牵引而与带电导线接近的措施。

4. 停电检修线路在另一回带电线路上面，而又必须在该线路不停电的情况下进行调整弛度、更换瓷瓶等工作时，必须使检修线路导线、牵引绳索等与带电线路导线之间有足够的安全距离，并采取防止导线脱落、滑跑的后备保护措施。

5. 停电检修线路走廊或径路附近与另一回杆塔结构相同的线路平行接近时，各杆塔下面应做好标志，设专人监护，以防误登杆塔。

第 82 条 在同杆架设的多回线路上进行邻近带电作业时，应按下列规定进行：

1. 工作组员在作业过程中与带电导线间的最小安全距离不得小于表 2-1 的规定。

2. 登杆和作业时，每个基杆塔都应设专人监护，风力应在五级以下，严禁在杆塔上卷绑线。

3. 应使用绝缘绳传递工具、材料。当上层线路停电作业时，在传递工具、材料的过程中要有防止工具、材料构成下层导线短路的措施。

4. 当下层线路带电、上层线路停电作业时，不准进行撤线和架线工作。

5. 当穿越带电的低压联络线对已停电的自动闭塞高压导线进行作业时，填用停电作业工作票，但必须在"应采取措施"栏内注明穿越低压带电导线和符合低压带电作业条件的安全措施。

第 83 条 在合架于接触网支柱上的电力线上工作时，应遵守下列规定：

1. 检修电力线路时，应充分利用接触网检修"天窗"，必要时可办理接触网停电手续。

2. 在接触网带电的情况下进行电力线路检修时，工作组员的活动范围与接触网之间的安全距离不小于 1 m。

3. 有感应电压危险时，应在电力线路作业区段两端进行接地封线。

第 84 条 在线路带电情况下，砍伐靠近导线的树木时，工作负责人应向工作组员说明线路有电。工作组员不得使树木和绳索接触导线。

上树砍剪树枝时，工作组员不应攀抓脆弱和枯死的树枝，应站在坚固的树干上，系好安全带，面对线路方向，并应保持表 2-1 的安全距离。

第 85 条 为防止树木（枝）倒落在导线上，应该用绳索将被砍剪的树枝拉向与导线相反的方向。绳索应有足够的长度和强度。砍剪树枝应有专人防护，防止打伤行人。当树枝接触高压带电导线时，严禁用手直接去取。

第 86 条 对于两路电源供电的低压线路带电作业，应填用带电作业工作票。对于低压带电作业和穿越低压带电线路的作业，工作组员必须穿紧口干燥的工作服、绝缘靴，戴工作帽和干燥整洁的线手套。低压带电作业应使用绝缘钳子，禁止使用刀子、锉刀、金属尺和铁刷子等带有金属的工具。绝缘靴每年应进行一次绝缘强度试验，绝缘强度不应低于出厂的耐压标准。

第 87 条 低压线路带电作业不允许带负荷接续导线。当必须带电更换电气器具时，应先做好旁路线。在自动闭塞低压线路上，允许在不受张力的处所接续导线，但必须设可靠的旁路线。

第 88 条 在杆上进行低压带电作业时，一般一根杆只允许一人工作。当线路不复杂，且采取了可靠的安全措施时，可以两人同时工作。

第 89 条 登杆时，应当先分清火线和地线，选好工作位置。断开导线时，应先断火线，后断地线；接续导线时，顺序相反。工作时，只许接触一个导体，不许同时接触邻相导体或一相一地导线。

第 90 条 在有地下设施的地方进行地下施工时，开工前应与有关部门联系，查明地下设施的位置，做好防护。如果发现意外设施，应采取妥善措施，并报告领导及时处理。

第 91 条　当松软土质的杆坑深度超过 1 m 时，应有防止塌陷措施。在居民区及交通道路附近挖杆坑时，应设防护设施，夜间应挂红色标志灯。

第 92 条　施工用具、机械、绳索、地锚等应详细检查、定期试验，使用时不准超过安全荷载。

第 93 条　立杆、撤杆开工前，应讲明施工方法及指挥信号，工作组员要明确分工，并应有专人指挥。正在立杆、撤杆时，坑内及电杆倾斜的下方不允许人员停留。已经立起的电杆，只有在杆基回填夯实后，方可撤去叉杆及拉绳。杆坑未经回填及捣固时不准登杆。放倒旧电杆时，应该用绳索牵引及叉杆加固后再挖根部。立、撤电杆应该用专用工具，不许代用其他工具。使用吊车立、撤电杆时，钢丝绳套应吊在电杆的适当位置，防止电杆突然倾倒。

第 94 条　使用抱杆立杆时，主牵引绳尾绳、杆塔中心线及抱杆顶应在一条直线上，抱杆应受力均匀，两侧拉绳应拉好，不得左右倾斜。

第 95 条　靠近及跨越铁路、公路、通航河道施工时，应与有关单位联系，在施工地段的两侧应派专人监护，并采取相应措施。

第 96 条　撤线时，应在承力处及终端电杆处先用绳索将导线拉紧，剪断导线后徐徐放下。拆除旧线路时，还应注意电杆腐朽程度，严禁突然剪断导线，防止倒杆伤人事故。

第 97 条　当施工电线路与其他高压设备靠近或交叉时，架线及撤线应采取防止跑线措施，必要时将邻近的高压设备停电。

第 98 条　起重和搬运应有专人指挥，并使用合乎要求的设备和绳索。起重用的钢丝绳的安全系数，应符合下列规定：

1. 用于固定起重设备的为 3.5 倍。

2. 用于人力起重的为 4.5 倍。

3. 用于机动起重的为 5～6 倍。

4. 用于绑扎起重物的为 10 倍。

5. 用于供人升降的为 14 倍。

装卸电杆时，应防止散堆伤人。当分散卸车时，每卸完一处，必须将其余电杆绑牢固后方可继续运送。

牵引电杆上山所用的绳索，不得与地面摩擦，爬山路线两侧 5 m 以内不准有人停留或通过。滚动电杆时，应防止压伤手脚。

第 99 条 多人抬杆必须同肩，有专人指挥，步调一致，起放电杆时应互相呼应。

第 100 条 使用车辆运输电杆、电气设备和器材时，不得超限，必须固定绑牢，防止倾覆、滚动伤人。

第 101 条 靠近电缆挖沟或挖掘已设电缆，当深度挖到 0.4 m 时，只许使用铁锹。冬季作业需烘烤冻结的土层时，烘烤处所与电缆之间的土层厚度要求为：一般黏土不应小于 0.1 m；砂土不应小于 0.2 m。在邻近交通地点挖沟时，应设置防护。挖掘中如果发现煤气、油管泄漏，应采取堵漏措施，并严禁烟火，同时迅速报告有关部门处理。

第 102 条 电缆的移设、撤换及接头盒的移动，一般应在停电及放电后进行。当带电移动时，应先调查该电缆的历史记录，由有敷设电缆经验的人员在专人统一指挥下平行移动，防止损伤绝缘和短路。尽量避免在寒冷季节移设电缆。

第 103 条 高压电缆停电检修时，首先详细核对电缆回线名称和标示牌是否与工作票所写的相符，然后从各方面断开电源，在电缆封端处进行检电、设置临时接地线时，在断开电源处悬挂"禁止合闸，有人工作！"的标示牌。

第 104 条 锯高压电缆前，必须与电缆图纸核对无误，并验明电缆无电压后，用接地的带木柄的铁钎钉入电缆芯后方可工作。扶木柄的人应戴绝缘手套，并站在绝缘垫上。

第 105 条 熬电缆胶时，应有专人看管，熬胶人员应戴口罩、帆布手套及鞋盖。搅拌或舀取熔化的电缆胶或焊锡时，必须使用预先加热的金属棒或金属勺子，防止电缆胶中落入水分而发生爆溅烫伤。

第 106 条 进电缆井前，应排除井内浊气。在电缆井内工作时，应戴安全帽和口罩，并做好防火和防止物体坠落措施，电缆井应有专人看守。

第 107 条 制作环氧树脂电缆头和调配环氧树脂的过程中，应采取有效的防毒和防火措施。

提示：《铁路电力安全工作规程》是铁路电力系统对安全生产管理从细节入手、实施"精细化管理"并提高管理水平的有效途径，是用一个个血的教训书写的安全工作规程，所以我们要认真学习，用心学习，牢记每一条、每一字，强化安全标准，规范安全行为，坚持标准化作业流程，让安全成为习惯，让习惯保证安全。

3 电力工程施工安全技术规程

第1条 电力施工的危险源及危害因素。

1. 深基坑开挖无防护。

2. 居民区基坑开挖未按规定设置警示标志。

3. 重大物资搬运未采取稳固防护措施。

4. 变压器及箱式变电所吊装。

5. 在高边坡、长大隧道内、特大桥上的施工作业无防护。

6. 在运行中的高、低压电力设备上的施工作业防护措施不到位。

7. 高处作业物体坠落打击。

第2条 挖坑作业安全要求。

1. 施工前，施工单位应与地下设施和设备管理单位签订施工安全协议书，设备管理单位应向施工单位现场划定地下埋设物位置范围，施工单位按规定逐级交底到施工作业人员：作业时，设备管理单位应进行现场监护和指导。

2. 当基坑靠近房屋、围墙时，应由施工技术人员调查后，提出具体的施工防护方案并组织实施，否则禁止开挖，避免由于坑壁不稳造成房倒墙塌，伤及人员。

3. 坑边不得放置重物和工具，弃土应距坑边 0.6 m 以外,堆土高度不应超过 1.5 m：深基坑内作业人员必须戴安全帽。

4. 碎石、工业或建筑垃圾、沙层、高水位地层及在开挖过程中会发生坑壁坍塌危险的基坑，必须在开挖时对坑壁进行防护支撑。

5. 特殊地质情况，设计单位应提出基坑开挖的指导性意见。

6. 当开挖位置有地下电缆、管道时，应采取必要的探测措施或轻挖轻刨。当接近深度时，应从设施路径两侧轻挖，禁止用镐刨。

7. 在基坑开挖过程中，出现裸露电缆应采取防护措施，用木板进行硬防护，保证电缆不受力，上下基坑时严禁借力或踩踏。

8. 在土质松软地带挖坑时，应采用防护板或沉箱等加固措施，或按斜坡形开挖，斜坡形开挖坡度的大小应根据土壤的性质、湿度及坑深的规定确定。

9. 开挖主变基础坑时，同时作业的人员之间应保持不小于 2 m 的距离，且不得相对进行刨土作业。

10. 基坑作业应在基坑作业周围设置围栏、围挡等防护和警示标志，夜间设置红色警示照明标志。

第 3 条 拉线安装安全要求。

1. 下拉线盘时，工作组员应站在马道两侧，双手拉持拉线棒，将拉线盘徐徐放入坑内，不得丢入，且马道对面严禁有人。

2. 拉线安装时，线夹舌板与拉线应密贴，受力后无滑移现象，拉线回头与本线应扎牢。导线（含接户线）架设应符合下列安全要求：线盘支架应稳固，线转动灵活，制动可靠。

3. 放线时，应设专人指挥，放线信号应明确，若发现异状应停止放线。在市内、住宅区或跨越公路、铁路及跨越通信、电力线路时，应设专人防护。

4. 在通航的河流及公路上利用跨越架放线时，应与有关部门取得联系，并设专人防护。

5. 人力放线通过陡坡时，应防止滚石伤人，遇悬崖险坡应采取先放引绳或设扶绳等措施。

6. 使用绞车或绞磨紧线时，应将地锚固定牢固并设专人看护。绞车或绞磨上的绕绳不应少于 5 圈。拉尾绳人员距绞磨的距离不应小于 2.5 m。

7. 人工紧线或调整线路坡度时，不得将安全带直接扣在紧线器的尾绳上。

8. 耐张杆塔和转角杆塔应根据紧线张力和设计要求，调整永久拉线或设临时拉线，应随时检查拉线和杆塔有无异状，挂线滑轮应安装牢固。

9. 当耐张线夹上的 U 型螺丝将导线紧固后，方可松开紧线器。

10. 不得在紧线的一侧、角杆内侧或利用拉线上下电杆。

第 4 条 跨越架搭设安全要求。

1. 跨越架的型式应根据被跨越物的大小和重要性确定。重要设施的跨越架及高度超过 15 m 的跨越架应由施工技术部门提出搭设方案，经审批后实施。

2. 搭设或拆除跨越架，应设工作监护人。

3. 搭设跨越重要设施的跨越架，应事先与被跨越设施的单位取得联系，必要时应请其派员监督检查。

4. 跨越架的中心应在线路中心线上，宽度应超出新建线路两边线各 1.5 m，且架顶两侧应设外伸羊角。

5. 跨越架与铁路、公路及通信线交叉的最小安全距离应符合至铁路中心 3 m、至轨顶 6.5 m 的规定。

6. 跨越多股道的铁路、公路时，跨越架如不能封顶，应增加架顶高度。

7. 跨越架上应按有关规定悬挂醒目的警告标志。

8. 跨越架应经使用单位验收合格后方可使用。

9. 强风、暴雨过后，应对跨越架进行检查，确认合格后方可使用。

10. 越线架应坚固可靠，立柱埋深不应小于 0.5 m。简易架的埋深应适当加大，并应设撑杆或拉线。跨越架的型式可根据被跨越物的大小和重要性确定。

11. 跨越架架体的强度应能承受发生断线或跑线时的冲击载荷。

12. 跨越架拆除，应自上向下逐根进行，架材应有人传递，不得抛扔，严禁上下同时拆架或将跨越架整体推到。

第 5 条 电缆终端头及中间头制作安全要求。

1. 电缆头制作前，应对电缆芯线进行充分放电。锯电缆时，应采用支架固定。

2. 操作人员应在通风良好的场所制作环氧树脂电缆头，并应戴口罩和手套。

3. 下雨天或极度潮湿的天气下不得露天制作高压电缆头。

4. 焊接地线应使用烙铁，不得使用喷灯。电烙铁使用前，应确认电源线绝缘良好。

5. 加热的电缆股和熔化的料剂不得装入锡焊的、密封的容器内。搅拌和舀取熔化剂料时，应使用预先加热的金属棒或金属勺。

6. 使用喷灯前，应检查喷嘴、打气筒、底部螺栓和其他部位，均不得有裂痕或渗漏现象。向喷灯内灌入的燃料不应大于其容积的 3/4，并拧紧注油栓。

7. 使用喷灯时，附近不应有易燃品，接油阀应逐渐打开。筒体发热时应停用，喷灯未冷却严禁灌注燃料、倒出燃料、拆卸或靠近明火。

8. 喷灯用毕，应先灭火泄压，待完全冷却后方可放入工具箱。

9. 制作冷缩电缆头时，电缆冷缩管应按产品技术规定的迟延时间充分收缩。

10. 采用气体喷枪进行热缩头制作时，除遵照以上条款中的安全规定外，对气体存储罐应妥善使用和保管，严禁抛投、摔打，加气压力应符合相关规定，气温低和罐内压力低时严禁对气罐进行加温和烘烤，并禁止倒置使用。

第 6 条 配电箱安装安全要求。

1. 配电箱、开关箱内的开关电器(含插座)应紧固在电器安装板上，并便于操作（无特殊规定时，间隙不得小于 50 mm），不得歪斜和松动。

2. 绝缘导线剥头不得外露，接头不得松动。

3. 箱内的工作零线应通过接线端子板连接，并应与保护零线接线端子分设。

4. 箱体的金属外壳应做保护接零（或接地），保护零线必须通过接线端子板连接。

5. 进、出线应加护套，分路成束并做防水弯，导线束不得与箱体进出口直接接触。

6. 配电箱进、出线的开口处应该用防水材料封堵严密。

第 7 条 防雷、接地施工安全要求。

1. 避雷针在进行整体连接或焊接时，应架设在同一水平高度的平面上。

2. 避雷针组立后，应立即可靠接地。

3. 避雷针组立时，应避开恶劣天气。

4. 电气装置需要直接接地的金属外壳及其底座，应可靠接地，在相电压大于 220 V 的电力设备上工作时应停电；当带电工作时，应设工作监护人，并应符合下列安全要求：

（1）使用带绝缘柄的工具，穿绝缘鞋或站在绝缘垫上。

（2）严禁同时接触带电体和接地体，严禁同时接触两个带电体。

（3）尚未脱离设备带电部分时，严禁与站在地面上的人员接触、互相传递料具及其他物品。

第 8 条 施工线路与带电线路间安全距离不足的处理规定。

施工线路与带电线路之间的安全距离不符合现行《铁路工程基本作业施工安全技术规程》（TB 10301—2020）的有关规定时，应按下列规定进行处理：

1. 根据施工需要，向带电线路运营管理部门提报停电申请计划。

2. 停电作业实行工作票制度，工作票由施工负责人签领。施工负责人在现场专门承担作业指导和安全监护。

3. 电力专业停电工作票，其办理手续及执行的步骤应符合现行《铁路电力安全工作规程》的规定。

4. 接到允许开始作业的命令后，必须对停电线路进行验电和接地。

5. 办理停、送电手续时，必须建立可靠的联系措施和确认方法，严禁约时停、送电。

6. 施工结束后，施工负责人在确认线路上已无人作业或停留，且接地线及其他安全防护措施已全部撤除后，方可申请恢复向线路送电。在接地线和其他安全防护措施已全部撤除后，不得再进行与线路有关的任何作业。

第9条　铁路电力工程联调联试要求。

1. 铁路电力工程联调联试应成立领导机构，编制联调联试方案，方案中应明确安全保证组织措施和技术措施。

2. 应明确联调联试过程中的总负责人和各专项试验负责人。试验负责人应熟知本专业关键技术点和各专业的关联关系，做到本专业与其他相关专业安全衔接。

3. 为应对联调联试中可能发生的突发事件，联调联试前应编制针对性的应急预案，建立联调联试抢修、巡视检察组织，并专人负责，做好联调联试期间的抢修人员、机械材料、工具的准备，并进行抢修演练。

4. 铁路电力线路巡视检查人员在巡视检查期间应按联调联试方案规定的路线行进，严禁进入铁路隔离栅栏内，对线路隔离开关等设备应提前进行操作检查和维护。

5. 铁路供电调度应按联调联试的时间安排提前与地方供电局联系，确保联调联试期间不间断供电。

6. 各变、配电所工程的所有供、配电线的能力必须符合联调联试规定，并提前对全部断路器进行试验检查。

7. 联调联试时，铁路变、配电所工程的值班人员应加强设备巡视，并对变电所和重点供电部位派专人值守，确保连续供电。

8. 参与联调联试的各方应建立可靠的联系方式，并保证通信畅通。

9. 抢修作业应符合规定。

10. 联调联试期间，除联调联试项目外，禁止其他高压测试作业和施工作业。

提示：《电力工程施工安全技术规程》是保证施工人员人身安全及设备安全、保证优质的施工质量、保证设备安全运行的首要条件，必须坚持以安全为宗旨，标准为保障。

4 公司安全制度

第1条 确保人身安全的具体规定。

1. 要认真做好防暑降温设备设施的整修和检查工作。对配电所的空调等制冷降温设备提前做好检查和维护，确保性能良好，保证正常开机和使用。

2. 针对暑期天气闷热、多雨潮湿的特点，要加强对各种电器设备和电线路的绝缘性能、运行温度的安全检查和测试；手持电动工具、移动式电器设备及潮湿处所的用电设备必须安装漏电保护器，对已安装的漏电保护器要进行安全检查，确保作用良好，防止触电事故的发生。

3. 加强对职工的暑期安全教育。要教育职工按规定正确佩戴和使用个人防护用品，防止因天气炎热，部分职工不按规定佩戴和使用个人防护用品，而造成人身伤害；要教育职工不要到沟塘、水库等处游泳，以防淹溺；增强职工的自我保护意识。

4. 暑期露天作业要结合工作实际，合理调整作业时间，尽量避开高温时段作业，避免中暑事故的发生。

5. 室外作业人员要避开水洼、河沟旁、山体下等易发生洪水、滑坡和塌陷的地段，确保人身安全。

6. 在梯子上工作时，梯子必须牢固，并按工作需要有足够的长度，不得用短梯子绑接代替长梯子。用在光滑地面上的梯子，其下端应有防滑装置，折叠式梯子应有安全钩。

第2条 停送电安全卡控措施。

1. 按规定提报周维修计划，作业前3日提报日维修计划，作业前1日，由工作票签发人开具工作票并与供电调度核对。

2. 作业计划应包括：单位、计划工作票号、作业日期、工作执行人、停电时间、停电范围、作业内容、作业地点、影响范围、需打开的隔离开关、接地封线的位置、要令地点。

3. 检修 10 kV 配电所电源线路时，要与地方上级供电所沟通联系妥当，提前一周提报作业计划，并下发停电通知书，其他事项参照日维修计划。

4. 工作票签发人根据生产调度批准的次日作业计划，开出工作票并交工作执行人、工作组安全员审核。审核无误后签字。

5. 工作票签发时，必须按规定进行编号，没有执行的工作票要在工作票"备注"栏内注明。已执行的工作票在工作票右上角加盖"已执行"章，未执行的工作票加盖"作废"章。

6. 作业前，工作执行人组织召开作业安全预想会，并做好相关记录。

7. 作业前，工作执行人组织工作组员列队点名，宣读工作票，做好分工，说明注意事项。

8. 要令人按照工作票内容与供电调度联系。向供电调度报告所属站区（作业组）及姓名，所在处所，说明作业内容、作业线路区段、停电范围、地线位置、主要安全措施。

9. 要令人向供电调度申请停电命令，填写命令票，向供电调度复诵无误后，供电调度给予命令编号、批准时间。

10. 工作执行人通知工作组员断开有关电力设备，验电并挂接地封线，工作许可人确认安全措施无误后，方可开始作业。

11. 作业完毕，各小组负责人检查本组检修后的设备并确认良好，将本组人员集中，清点人数及机具，确认无误后，通知工作执行人本组收工。

12. 工作执行人确认所有工作组作业结束，并拆除线路安全措施后，通知要令人办理消令手续。

13. 要令人向供电调度报告作业完成，作业命令已完成，申请送电。

14. 供电调度下达合上有关电力设备的命令，确认合闸无误后，送电完成。

第 3 条　防止反送电安全卡控。

1. 工作电源和自备电源倒接时必须由两人进行（一人操作，一人监护），填用倒闸作业票。

2. 自备电源必须在箱式变电站低压室（或变压器总配电箱）低压总开关（断路器）

下方接入。

3. 断开箱式变电站低压室（或变压器总配电箱）所有低压回路开关（断路器），测量确认低压总开关（断路器）在分位，并悬挂"小心反送电"警示牌。

4. 断开箱式变电站（或变压器）高压侧跌落保险（或隔离开关），悬挂"禁止合闸，有人工作"警示牌。

5. 断开有可能通过用电设备低压联络线或开关向另一台箱式变电站（或变压器）倒送电的低压回路开关，测量并确认开关在分位，并悬挂"小心反送电"警示牌。

6. 停用自备电源时，操作顺序相反，转为工作电源正常供电模式。

第 4 条 停电作业人身防护十卡控。

1. 卡控工作票签发。工区按检修计划在作业前一天编制停电作业工作票，由站区供电副主任或安全技术员签发，当站区供电副主任、安全技术员不在站区时由工长签发，未经签认的工作票不允许与供电调度员对票。

2. 卡控安全工器具合格有效。工区按作业内容领取相关的安全工器具，出库时由领用人、检查人共同核对其是否在试验有效期内，并按检查方法对其外观、声响等进行检查，必要时需进行试验。禁止失效的安全工器具出库，禁止失效的安全工器具用于现场作业。

3. 卡控作业人员分工。工作组员必须按分工表各司其职、各负其责，不允许自行调整工作任务。工作票签发人不能兼任工作执行人，工作执行人不能兼任工作许可人。

4. 卡控作业范围。作业前，工作执行人应向工作组员详细交代作业范围，工作组员确认作业范围后方可进行作业，防止误登带电杆塔或误入带电间隔。工作过程中，工作执行人和工作组员不得变更作业范围。

5. 卡控停电送电。作业前，必须由工作执行人按计划时间向电力调度申请停电。检修设备停电，应把各方面的电源完全断开，禁止在只经断路器（开关）断开电源的设备上工作，应断开隔离开关（刀闸），手车开关应拉至试验或检修位置，应使各方面有一个明显的断开点；与停电设备有关的变压器和电压互感器，应将设备各侧断开，防止向停电检修设备反送电。

作业结束，人员全部撤离作业现场，接地线均已撤除后，由工作执行人向电力调度消令、送电，送电后检查相关线路、设备运行是否正常。

6. 卡控验电接地。验电时，必须使用电压等级合适的验电器，高压验电必须戴绝缘手套，并有专人监护，在室内高压设备上验电时，还需穿绝缘靴或站在绝缘垫上。

架空线路停电作业时，先核对线路名称、杆号位置及所用接地线编号，无误后进行验电，验明无电后，应立即将已接地的接地线对已停电的设备进行三相短路封线。

7. 卡控标示牌设置。对一经合闸即可送电到工作地点的断路器或隔离开关，在其操作把手上、高压跌落开关电杆上，必须悬挂"禁止合闸、有人工作！"的标示牌。

8. 卡控作业流程。工作执行人按调度命令安排工作许可人采取安全措施时，工作许可人应按工作票所列安全措施项目，确认停电范围，按顺序逐一完成安全措施并确认无误后，方可下达开工许可命令，工作执行人接到开工许可命令后安排工作组员在作业范围内按分工进行作业。作业完成后，工作执行人详细检查工作质量，工作组员全部由作业设备上撤离后，由工作执行人通知工作许可人撤除接地线，摘下标示牌，工作许可人完成接地线撤除、摘下标示牌，经清点无误后方可下达工作终结命令。

9. 卡控工作监护。完成工作许可手续后，工作执行人、工作监护人应向工作组员交代清楚带电部位、已采取的安全措施和其他作业注意事项。工作执行人、工作监护人应认真监护工作组员的安全，工作组员应服从工作执行人和工作监护人的指挥。

10. 卡控恶劣天气作业。在工作中遇有雷、雨、暴风或其他威胁工作组员安全的情况时，工作执行人或工作监护人应及时采取果断措施，停止作业。

> **提示：**严格执行公司各项规章制度，将规章制度牢记于心，努力学习，提高自身业务水平。工作认真负责，遵守工作纪律，团结合作同事，携手共创辉煌。

5 触 电 急 救

5.1 解 脱 电 源

解脱电源的方法如下：

（1）如果电源的刀闸或插头就在附近，应迅速拉开刀闸或拔掉插头。

（2）如果刀闸距离触电地点很远，则应迅速利用绝缘良好的电工钳或带有干燥木把的利器（如刀、斧、锹等）把电线砍断。砍断后，带电侧的电线头应妥善处理，防止他人触电。

（3）如果现场无任何合适的绝缘物可利用，而触电者的衣服又是干的，则救护人员可用包有干燥毛巾或衣服的一只手去拉触电者的衣服，使其脱离电源。

（4）救护人员也可站在绝缘垫或干木板上使自己绝缘，然后再进行救护。

5.2 检查与急救

1. 检查

将脱离电源的触电者迅速移到通风干燥处仰卧，将其上衣和裤带放松（见图 5–1），用看、听、试的方法，判定触电者呼吸、心跳情况：

（1）看触电者的胸部、腹部有无起伏动作。

（2）用耳贴近触电者的口鼻处，听有无呼吸声音。

（3）测试触电者口鼻有无呼吸的气流，再用两手指轻试一侧（左或右）喉结旁凹陷处的颈动脉有无搏动。

图 5-1　检查触电者

2. 对症救治

（1）如果触电者的伤害情况并不严重，神志还清醒，只是有些心慌、四肢发麻、全身无力，或虽曾一度昏迷，但未失去知觉，只需要使之就地安静休息 1~2 h，并做严密观察。

（2）如果触电者的伤害情况较严重，无知觉，无呼吸，但心脏有跳动（头部触电的人易出现这种症状），应采用口对口人工呼吸法抢救。如果触电者有呼吸，但心脏停止跳动，则应采用人工胸外按压法抢救。

（3）如果触电者伤害情况很严重，心跳和呼吸都已停止，应立即实施心肺复苏，就地抢救，并拨打 120 急救电话，在送往医院的途中绝对不能停止施救。

3. 心肺复苏急救

心肺复苏急救，须同时进行人工呼吸（见图 5-2）和人工胸外按压法抢救。其节奏为：单人抢救时，每按压 15 次后吹气 2 次（15∶2），反复进行；双人抢救时，每按压 5 次后由另一人吹气 1 次（5∶1），反复进行。

图 5-2　人工呼吸

心肺复苏时，注意事项如下：

（1）打开气道，深吸气，口包严，4～5 s 吹气一次。

（2）气道开放下进行，吹气量不宜过大。

（3）胸部按压不可压于剑突处。

（4）触电者平躺于地板或硬板，头不可高于心脏。按压时不宜对胃部施力，以免呕吐。

（5）胸部按压时，施救者手肘伸直，垂直下压胸骨下半段，如图 5-3 所示。

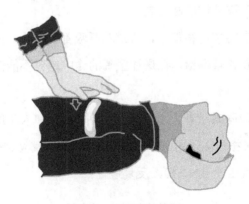

图 5-3　人工胸外按压

（6）预防感染。

心脏复苏的有效指征如下：

（1）自主呼吸恢复。

（2）面色由紫转红。

（3）脉搏、呼吸恢复。

（4）瞳孔由大变小。

（5）眼球活动、手脚抽搐、开始呻吟等。

提示：触电急救是每个从事电力行业工作人员必备的技能，大家都知道"水火无情"，电更像一个隐形杀手，绝对不可麻痹大意。工作在生产一线的工人责任重大，我们每个人都是维系幸福家庭的纽带，都关系着一个家庭的幸福，我们的安全牵系着母亲的心，牵系着子女的心。每一位电力工人，在工作的时候，千万要当心，为了自己，为了家庭，保护好自己，杜绝惨剧发生。工作前，一定要再三确认有无安全隐患、安全防护是否完善，千万不能违章作业。安全责任重于泰山，要让安全理念入脑，让事故警示入心。

6 电力标准化作业标准

6.1 电力设备巡视作业标准

1 巡视计划

班组根据巡视周期安排次日巡视计划并进行合理分工。

2 巡视分工

巡视当日，班组长根据情况安排重点巡视区段、巡视内容及人员分工。巡视人员根据巡视分工领取材料工具。

3 巡视作业分类

3.1 昼间巡视。

昼间步行巡视设备属于带电巡视，只允许目视观测，不允许任何作业。每月不少于 2 次。

昼间巡视铁路防护网栅内设备，无计划可登乘巡视。每月不少于 2 次。

3.2 夜间巡视。

夜间巡视，必须两人进行步行巡视，只允许目视观测，不允许任何作业。每半年不少于 1 次。

夜间巡视，行调、电调应掌握夜间巡视人员情况、巡视开始时间及结束时间。

3.3 特殊巡视。

遇有各种自然灾害或电力设备发生故障时安排的巡视。

4　巡视内容及要求

4.1　添乘巡视。

重点检查外部环境影响，电缆径路、设备周围等处所是否有新的建筑或市政施工等影响电力设备安全运行的情况。

4.2　步行巡视。

（1）巡视检查电杆、电缆径路上是否有开挖、取土堆土情况，电缆进、出口封堵措施是否完好，电缆径路、电杆设备周围等处所是否有新的建筑或市政施工等影响电力设备安全运行的情况。

（2）巡视检查电缆桥架槽道电缆沟（井）是否完整、有无破损，电缆标桩是否齐全，电缆标识是否清晰。

（3）检查箱式变电站电抗器附近有无施工，箱体是否倾斜，箱式变电站、电抗器附近是否堆积异物，标识是否完好，基础通风口防护网有无破损，基础井内有无积水，箱式变电站围墙、大门、箱式变电站外壳有无损坏、锈蚀，清理箱式变电站基础周边的杂草、杂物，做到场地清洁无垃圾。

（4）静听运行中的设备有无不规则的异常声音。

（5）检查变配电所、箱式变电站测量仪表、指示灯显示是否正常，检查开关位置指示是否与运行状态一致，检查电缆头外观是否正常、连接部件是否牢固、有无放电闪络现象，观察各低压馈出电缆接线端子有无发热烧损痕迹、各开关位置是否正确，检查确认高压柜上"有电指示器"显示是否正常，检查电缆沟、槽、井内有无积水。

（6）检查杆塔有无倾斜、弯曲，各部件有无变形；检查基础有无下沉、冲刷、裂开或因取土成为孤台。

检查各部螺栓、销子有无松动、退扣或脱落，金属构件、部件有无磨损、锈蚀现象，杆塔上有无鸟巢、锡箔纸、风筝、绳索等杂物，水泥杆有无裂纹、露筋，焊缝或法兰有无裂开，水泥面有无脱落，有无因积水结冰而冻坏的现象，线路名称和标志是否清楚，杆塔的接地引线是否完好等。

（7）巡视检查导线、避雷线的导线有无锈蚀、断股、烧伤等现象，导线连接处有无接触不良、过热现象，导线对各种交叉跨越距离、对地面距离及对各类建筑物的距离是否符合规定，线夹、防震锤等附件有无异常，引流线对接地部位的距离是否符合规定。

（8）巡视检查绝缘子有无损伤、裂纹、闪络放电现象，绝缘子表面脏污是否严重，悬式绝缘子的开口销、弹簧销是否锈蚀、脱出、变形或已掉落，针式绝缘子有无倾斜，瓷横担的固定螺栓有否松动、倾角是否符合规定。

（9）巡视。检查拉线有无松弛、锈蚀、断股等现象，上、下把连接是否牢固、附件是否齐全完整，拉线棒及地锚块有无异常现象。

4.3 夜间、雾天巡视。

巡视检查绝缘子有无放电火花及闪络现象，导线接头处有无因接触不良而造成滋火或过热发红现象，引流线对杆塔、横担、拉线等接地物有无放电现象。

4.4 大风、大雨后特殊巡视。

巡视检查杆塔有无倾斜、基础有无下沉及被雨水严重冲刷；拉线、地锚有无变化，横担有无偏斜，导线弧垂有无变化、异常，引流线对接地部位的距离有无变化，绝缘子有无受雷击放电或损坏、或被冰雹砸破现象，防震锤有无位移、掉头，防雷装置有无损坏、有无动作，杆塔、导线上有无被风刮起的杂物等。

5 巡视结束

巡视完毕，所有巡视人员将材料工具交材料员入库，材料员确认工具状态良好并登记入库。如巡视过程中有材料消耗，则填写记录；如回收有相应旧料，应一并登记。

6 整理巡视记录

6.1 记录整理人员对巡视情况进行汇总整理并填写电力巡视检查记录，填写《值班日志》相关的电子台账和《设备缺陷记录》等。

6.2 班组长查阅巡视记录并签字，视缺陷具体情况安排处理。

6.2 电力设备停电作业标准

1 计划申报

1.1 按规定提报周维修计划，作业前 3 日提报日维修计划，作业前 1 日由工作票签发人开具工作票并与供电调度核对。

1.2 作业计划应包括以下内容：单位、计划工作票号、作业日期、工作执行人、停电时间、停电范围、作业内容、作业地点、影响范围、需断开的隔离开关、接地封线的位置、要令地点。

1.3 电力设备检修应不影响信号、通信设备正常供电。

1.4 检修 10 kV 配电所电源线路时，与地方上级供电部门沟通联系妥当，提前一周提报作业计划，并下发停电通知书，其他事项参照日维修计划。

2 工作票签发与审核

2.1 工作票签发人根据生产调度批准的次日作业计划开出工作票，并交工作执行人、工作组安全员审核。审核无误后签字。

2.2 各种工作票的适用范围按照《铁路电力安全工作规程补充规定》（铁总运〔2015〕51 号）有关条款执行。

2.3 工作票签发时必须按规定进行编号，没有执行的工作票要在工作票"备注"栏内注明。已执行的工作票在工作票右上角加盖"已执行"章，未执行的工作票加盖"作废"章。

2.4 工作票中，工作组员要符合规定。

3 预想会

作业前，工作执行人组织召开作业安全预想会，并做好相关记录。

4 停电作业

4.1 作业前，工作执行人组织工作组员列队点名，宣读工作票，做好分工，说明注意事项。

4.2 要令人按照工作票内容与供电调度联系，向供电调度报告所属站区（工作组）及姓名、所在处所，说明作业内容、作业线路区段、停电范围、地线位置、主要安全措施。

4.3 要令人与需停电范围内的电务班组联系，确认电务用电设备完成倒路。

4.4 要令人向供电调度申请停电命令，填写命令票，向供电调度复诵，无误后供电调度给予命令编号、批准时间。

4.5 工作执行人通知工作组员断开有关电力设备，验电并挂接地封线，开始作业。

5 作业结束

5.1 作业完毕，各小组负责人检查并确认本组检修后的设备状态良好，然后将本组人员集中起来，清点人数及机具，确认无误后，通知工作执行人本组收工。

5.2 工作执行人确认所有工作组作业结束后，通知要令人办理消令手续。

5.3 工作执行人组织召开收工会，做好收工会记录。

5.4 收工会后，工作执行人、工作票签发人分别在工作票上签字，命令票、工作票统一保管，时间不少于 6 个月。

附文：停送电标准化作业流程图

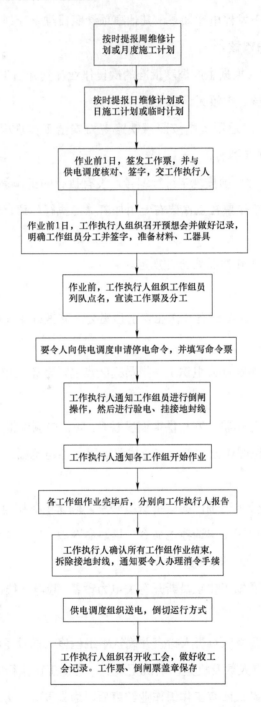

按时提报周维修计划或月度施工计划

按时提报日维修计划或日施工计划或临时计划

作业前1日，签发工作票，并与供电调度核对、签字，交工作执行人

作业前1日，工作执行人组织召开预想会并做好记录，明确工作组员分工并签字，准备材料、工器具

作业前，工作执行人组织工作组员列队点名，宣读工作票及分工

要令人向供电调度申请停电命令，并填写命令票

工作执行人通知工作组员进行倒闸操作，然后进行验电、挂接地封线

工作执行人通知各工作组开始作业

各工作组作业完毕后，分别向工作执行人报告

工作执行人确认所有工作组作业结束，拆除接地封线，通知要令人办理消令手续

供电调度组织送电，倒切运行方式

工作执行人组织召开收工会，做好收工会记录。工作票、倒闸票盖章保存

6.3 杆塔基础坑开挖作业标准

1 准备工作

1.1 安全防护：作业人员正确佩戴和使用个人防护用品；作业时注意与相邻带电线路的距离，并做好现场防护；作业现场用警示绳进行防护，并视情况需要准备彩条布进行作业场地环境防护。

1.2 人员组织：防护人 1 人，开挖人若干。

1.3 工器具材料：

工器具要求：质量合格、安全可靠、数量及型号满足需要。

通信防护用具：对讲机、标示牌（禁止类、允许类和警告类）、防护服、防护手套等。

其他工具：铁锹、钢钎、镐、盒尺、大锤等。

2 安全卡控点

开挖前与有关部门联系，查明地下设施的位置，做好防护；开挖过程中，如意外发现地下设施，需及时汇报，采取其他方案；遇有松散土质，必须设工作监护人和防护措施，确保人身安全。

3 作业流程

3.1 根据地段土层构造决定坑口开挖的大小。

3.2 长方形坑口中心必须横向对准线路方向的中心，成为一条直线。

3.3 如果是新测定的线路中心，定位标桩必须保留到立杆后，开挖坑口边缘距定位标桩保持 100～150 mm，定位标桩不得擅自挪动。

3.4 根据杆型和杆高决定坑的深度。

3.5 开挖拉线坑时，应挖拉线夹角马道。

4 质量标准

4.1 坑口长为 1.2 m，宽为 0.8 m；坑底长为 0.8 m，宽为 0.5 m。

4.2 坑的深度可按杆长的 1/6 计算，误差允许–50～100 mm。

4.3 双杆杆坑相互之间高差不应超过 20 mm。

4.4 双杆杆坑之间在顺线路和横线路方向的水平偏离不应大于 30 mm。

4.5 拉线坑的宽度应大于拉线盘 200 mm。

6.4 三脚架立杆作业标准

1 准备工作

1.1 安全防护：作业人员正确佩戴和使用个人防护用品。

1.2 在运行线路上作业时，需做好计划申报、工作票签发与审核、预想会、停电作业、作业结束等工作环节及安全措施，按《铁路电力管理规则》和《铁路电力安全工作规程》中的有关要求及程序办理。

1.3 新建线路作业时，注意与相邻带电线路的距离，并做好现场防护。

1.4 人员组织：工作执行人1人、操作人若干、辅助人若干、驻站要令1人、验电接地工4人。

1.5 工器具材料：

工器具要求：质量合格、安全可靠、数量及型号满足需要。

登高工具：脚扣、安全帽、安全带等。

通信防护用具：对讲机、标示牌（禁止类、允许类和警告类）、防护服、防护手套等。

绝缘工具：验电器、绝缘操作杆、绝缘拉杆、绝缘手套、三合一地线（含接地针）、绝缘靴。

个人工具：电工钳、扳手、螺丝刀、手锤、小绳及工具包等。

起重牵引工具：三脚架、大绳、钢丝绳及钢丝套等。

其他工具：铁锹、捣固锤、运杆车辆等。

2 安全卡控点

2.1 操作人员必须听从统一指挥，做好作业现场防护，非施工人员不得进入施工现场。

2.2 在起吊过程中严禁下边有人走动。

2.3 五级以上的大风及雷雨、浓雾天气，应停止立杆作业。

2.4 若发现三脚架下沉，应立即停止起吊，经过校正无问题后方可继续进行起吊。

2.5 电杆校直、回填、夯实后，才能登杆拆除吊钩及绳索。

2.6 作业人员登杆前，检查脚扣各部位有无断裂、锈蚀现象，并对安全带、登杆工具做冲击试验，确认良好后方可登杆。

2.7 登杆时，做到"脚踩稳、手扒牢、一步一步慢登高，到达位置第一要，安全带系牢靠"。

2.8 在新立电杆上作业时，应防止安全带从杆顶脱出或被锋利物割伤，严禁不系安全带进行高空作业。

3 作业流程

3.1 若附近有带电设备，在起吊过程中应保持足够的安全距离（杆高+3 m）。若必须停电，应预先办理停电手续，严格执行停、验、挂的安全措施，方可施工。

3.2 检查各种受力工具，应完好无损、固定牢靠。

3.3 支起三脚架，吊钩垂直于杆坑中心。

3.4 三脚架腿下挖一小坑，做好防滑措施。

3.5 把电杆运至坑的中心位置。

3.6 钢丝套扣在杆身 1/2 处并挂好吊钩。

3.7 系好调整绳，由指挥人再次检查三脚架的稳定性和绳索的牢固性，确认良好后各类人员就位，集中精力做好自己所承担的工作。

3.8 指挥人员发布起吊命令。

3.9 电杆起吊至杆底能入坑就缓慢地下落。

3.10 电杆对正中心位置下坑后，校直电杆，分层回填土。每层均要夯实，在电杆所处地面处，将土堆成长 0.8 m、宽 0.5 m、高出地面 0.3 m 的土堆。

3.11 拆除钢丝套、三脚架、绳索、工具，工作结束。

4 质量标准

4.1 电杆立好后，横向、纵向应垂直。

4.2 直线杆的横向偏移应不大于 50 mm，电杆的倾斜位移不应大于电杆梢直径的 1/2。

4.3 转角杆根部应向内侧偏移，偏移量为根部直径的 1/2，但杆顶必须与线路一致。

4.4 终端杆应向拉线侧偏移，预偏值不应大于电杆梢直径，紧线时不应向线路侧倾斜。

4.5 耐张杆应保持在线路中心，不得偏移。

4.6 H 杆横向移位不应大于 50 mm，根开不应超过 ±30 mm。

6.5 电力线路杆顶组装作业标准

1 准备工作

1.1 安全防护：作业人员正确佩戴和使用个人防护用品；在运行线路上作业时，涉及计划申报、工作票签发与审核、预想会、停电作业、作业结束等工作环节及安全措施，按《铁路电力管理规则》和《铁路电力安全工作规程》中的有关要求及程序办理；新建线路作业时，注意与相邻带电线路的距离，并做好现场防护。

1.2 人员组织：工作执行人 1 人、工作监护人若干、操作人若干、辅助人若干、验电接地工 4 人。

1.3 工器具材料：

材料要求：规格、型号正确，质量合格，数量满足需要。

工器具要求：质量合格、安全可靠、数量及型号满足需要。

材料：横担、针式绝缘子、悬式绝缘子、杆顶支座及抱箍、U 形抱箍、方垫、弹垫、五孔挂板、两孔连板、直角挂板、碗头挂板、球形挂环、耐张线夹、镀锌穿钉、M 垫铁、镀锌铁线、砂布、抹布、毛刷、油漆、开口销、M 销、油漆（红、绿、黄、黑、灰）等。

登高工具：脚扣、安全帽、安全带等。

通信防护用具：对讲机、标示牌（禁止类、允许类和警告类）、防护服、防护手套等。

绝缘工具：验电器、绝缘操作杆、绝缘拉杆、绝缘手套、三合一地线（含接地针）、绝缘靴。

个人工具：电工钳、扳手、螺丝刀、手锤、小绳及工具包等。

起重牵引工具：开口滑轮。

其他工具：铁锹、铁镐等。

2 安全卡控点

2.1 操作人员必须听从统一指挥。

2.2 做好作业现场防护，非施工人员不得进入施工现场。

2.3 确认线路名称、地点、电杆编号、是否已停电并做好安全措施。确认无误后，在工作监护人的监护下方可登杆，以防误登、误操作；五级以上大风或雷雨时，禁止登杆。

2.4 登杆前检查基础是否牢固、电杆是否有裂纹；在新立电杆上作业前，应将回填土夯实；登冲刷、起土、上拔和导线、拉线松弛的电杆，应采取安全措施。

2.5 登杆作业所用工具及零星材料应装入工具包内，上下传递材料、工具应该用吊绳，不得抛接，防止高空掉物；现场人员应戴安全帽，杆下严禁行车和无关人员逗留。

2.6 作业人员登杆前，检查脚扣各部位有无断裂、锈蚀现象，并对安全带、登杆工具做冲击试验，确认良好后方可登杆；登杆时做到"脚踩稳、手扒牢、一步一步慢登高，到达位置第一要，安全带系牢靠"。

2.7 安全带系上后，必须检查扣环是否扣牢。杆上作业转位时，不得失去安全带保护，安全带必须系在牢固的构件或电杆上，不得系在绝缘子、避雷器、导线等不牢固的物件上；在新立电杆上作业时，应防止安全带从杆顶脱出或被锋利物割伤；严禁不系安全带进行高空作业。

3 作业流程

3.1 材料检查。

3.2 登杆。

3.3 起吊杆顶材料，安装杆顶支座。

3.4 起吊横担材料，安装横担。

3.5 起吊、安装各连接件和绝缘子。

4 质量标准

4.1 检查横担、杆顶支座、金具及配件，应表面无缺陷且镀锌良好；绝缘子表面无缺陷，销子、螺栓、穿钉等配件齐全。

4.2 穿脚扣时，脚扣带的松紧要合适，防止脚扣在脚上转动或滑脱；根据电杆的粗细调节脚扣的大小，使脚扣牢靠地扣在电杆上；系好安全带，将安全带绕过电杆，调整好长度，扣好扣环；登杆时，应该用两手掌上下扶住电杆，上身离开电杆，臀部向后下方坐，使身体成弓形；登杆时，步幅不要太大，快到杆顶时注意防止抱空。在所需工作点的合适位置站稳，系好安全带。

4.3 直线杆、单横担转角杆的杆顶支座应与线路方向垂直；跨越杆、双横担转角杆、耐张杆、45°及以下耐张转角杆、终端杆的杆顶支座应顺线路方向；支座抱箍中心距杆顶150 mm。

4.4 直线杆横担装于受电侧，单横担分歧杆、90°转角杆及终端杆装于拉线侧；横担距杆顶 800 mm。

螺栓的穿向：垂直方向由下向上，水平方向由内向外，整个线路穿向应统一。

横担安装平整，端部上下左右歪（扭）斜偏差不大于 20 mm；叉梁抱箍及横隔梁安装允许偏差±50 mm。

10 kV 及以下架空线路同杆时，横担间最小垂直距离为：10 kV 与 10 kV 之间直线杆 0.8 m、分支/转角杆 0.45/0.6 m；10 kV 与 0.38 kV 直线杆 1.2 m、分支或转角杆 1.0 m；0.38 kV 与 0.38 kV 直线杆 0.6 m、分支或转角杆 0.3 m。

4.5 绝缘子安装应牢固，连接可靠，防止积水，安装时应清除表面灰垢、附着物及不应有的涂料。

耐张串上的销子、螺栓由上向下穿，困难时由内向外或由左向右穿；悬垂串上的销子、螺栓应向受电侧穿入，两边线由内向外、中线由左向右穿入。

开口销对称开口，开口度为 30°～60°，严禁用线材或其他材料代替销子。

6.6 拉线制作安装作业标准

1 准备工作

1.1 安全防护：作业人员正确佩戴和使用个人防护用品；在运行线路上作业时，涉及计划申报、工作票签发与审核、预想会、停电作业、作业结束等工作环节及安全措施，按《铁路电力管理规则》和《铁路电力安全工作规程》中的有关要求及程序办理；新建线路作业时，注意与相邻带电线路的距离，并做好现场防护。

1.2 人员组织：工作执行人 1 人、操作人 2 人、辅助人 2 人、驻站要令 1 人、验电接地工 4 人。

1.3 工器具材料：

材料要求：规格、型号正确，质量合格，数量满足需要。

工器具要求：质量合格、安全可靠、数量及型号满足需要。

材料：拉线抱箍、UT 线夹、楔形线夹、镀锌钢绞线、镀锌铁线、拉线棒、地锚块、地锚垫板、镀锌烙丝、凡士林等。

登高工具：脚扣、安全帽、安全带等。

通信防护用具：对讲机、标示牌（禁止类、允许类和警告类）、防护服、防护手套等。

绝缘工具：验电器、绝缘操作杆、绝缘拉杆、绝缘手套、三合一地线（含接地针）、绝缘靴。

个人工具：电工钳、扳手、螺丝刀、手锤、小绳及工具包等。

起重牵引工具：手扳葫芦、紧线器、钢丝绳及钢丝套、绳索等。

其他工具：断线钳、大榔头、铁锹、铁镐等。

2 安全卡控点

2.1 剪断镀锌钢绞线前，先用绑线缠绕 3～5 圈，防止散股；辅助人将剪断的钢绞线抓住，防止剪断后伤人。

2.2 登杆作业前，需确认线路名称、地点、电杆编号、是否已停电，并做好安全措施。确认无误后，在工作监护人的监护下方可登杆，以防误登、误操作。五级以上大风或雷雨时，禁止登杆。

2.3 登杆前，检查基础是否牢固、电杆是否有裂纹；在新立电杆上作业前，应将回填土夯实；登冲刷、起土、上拔和导线、拉线松弛的电杆，应采取安全措施。

2.4 登杆作业所用工具及零星材料应装入工具包内，上下传递材料、工具应该用吊绳，不得抛接，防止高空坠物伤人；现场人员应戴安全帽，杆下严禁行车和无关人员逗留。

2.5 作业人员登杆前，检查脚扣各部位有无断裂、锈蚀现象，并对安全带、登杆工具做冲击试验，确认良好后方可登杆。登杆时，做到"脚踩稳、手扒牢、一步一步慢登高，到达位置第一要，安全带系牢靠"。

2.6 安全带系上后，必须检查扣环是否扣牢。杆上作业转位时，不得失去安全带保护，安全带必须系在牢固的构件或电杆上，不得系在绝缘子、避雷器、导线等不牢固的物件上；在新立电杆上作业时，应防止安全带从杆顶脱出或被锋利物割伤；严禁不系安全带进行高空作业。

2.7 安装水平拉线时，应防护好道路上的行人、车辆。

3 作业流程

3.1 计算镀锌钢绞线的长度。

3.2 装好地锚杆，下坑埋好。

3.3 制作钢绞线回头，安装楔形线夹并用 $\phi 2.0$ mm 铁线缠绕回头。

3.4 上杆安装拉线抱箍及拉线上部。

3.5 打好紧线器，制作拉线下回头。

3.6 安装 UT 线夹并用 ϕ2.0 mm 镀锌铁线缠绕回头。

3.7 当混凝土电杆的拉线装设绝缘子时，折断拉线情况下拉线绝缘子距地面不应小于 2.5 m。

4 质量标准

4.1 拉线与电杆夹角不宜小于 45°，当受地形限制时不应小于 30°，特殊情况下可以采取弓形拉线及撑杆。

4.2 承力拉线应与线路方向的中心线对正，偏移不得超过 10 mm。

4.3 拉线棒应在地面外露 0.6 m。

4.4 镀锌钢绞线上下回头应保留 0.3～0.5 m，尾线回头应与主线绑牢，主线应与线夹平面一致，尾线回头在线夹凸起处穿过；缠绕不得有划痕，必要时进行防腐处理。

4.5 UT 线夹的螺杆应露 1/2 丝扣，长度可供调整，UT 线夹安装双螺母紧固。

4.6 回头线与主线用 ϕ2.0 mm 镀锌铁线绑扎，长度保持 100 mm。

4.7 拉线抱箍安装在终端杆横担上面 200 mm 处，防风拉线装在横担下面 200 mm 处。

4.8 多排横担的门形杆可采用 V 形拉线，各条拉线受力一致。

4.9 装设水平拉线，距主要道路地面不小于 6 m，一般道路不小于 4.5 m，拉线柱应向张力方向倾斜 10°～20°，拉线抱箍安装在拉线柱顶端 250 mm 处，与拉线的夹角不小于 30°。

6.7　架空线路放线作业标准

1 准备工作

1.1 安全防护：作业人员正确佩戴和使用个人防护用品；在运行线路上作业时，涉及计划申报、工作票签发与审核、预想会、停电作业、作业结束等工作环节及安全措施，按《铁路电力管理规则》和《铁路电力安全工作规程》中的有关要求及程序办理；新建线路作业时，注意与相邻带电线路的距离，并做好现场防护。

1.2 人员组织：工作执行人 1 人、工作监护人若干、操作人若干、辅助人若干、验电接地工 4 人。

1.3 工器具材料：

材料要求：规格、型号正确，质量合格，数量满足需要。

工器具要求：质量合格、安全可靠、数量及型号满足需要。

材料：导线、扎线、铝包带、金具、铁丝、压接管（接续条）、凡士林等。

登高工具：脚扣、安全帽、安全带等。

通信防护用具：对讲机、标示牌（禁止类、允许类和警告类）、防护服、防护手套等。

绝缘工具：验电器、绝缘操作杆、绝缘拉杆、绝缘手套、三合一地线（含接地针）、绝缘靴。

个人工具：电工钳、扳手、螺丝刀、手锤、小绳及工具包等。

起重牵引工具：手扳葫芦、紧线器、三角钳头、钢丝绳及钢丝套、工具 U 型挂环、放线滑轮、绳索等。

其他工具：临时地锚或钢锚钎、断线钳、大榔头、铁锹、铁镐、铁铲或木杠、放线轴、放线架、压接工具、标杆等。

2 安全卡控点

2.1 作业时，严防导线触及带电线路，带电线路应配合停电；确不能停电时，应搭跨越架；导线从带电线路下方通过时，严防导线上弹。

2.2 导线跨越或穿越带电线路（跨越架）或临近带电线路时，亦应设专人监护。

2.3 断开有可能返送电的线路开关，并挂接地线；在有可能产生感应电的地段，应加挂接地线或使用个人保安线。

2.4 确认线路名称、地点、电杆编号、是否已停电并做好安全措施；确认无误后，在工作监护人的监护下方可登杆，以防误登、误操作；五级以上大风或雷雨时，禁止登杆。

2.5 登杆前，检查基础是否牢固、电杆是否有裂纹；在新立电杆上作业前，应将回填土夯实；登冲刷、起土、上拔和导线、拉线松弛的电杆，应采取安全措施。

2.6 登杆作业所用工具及零星材料应装入工具包内；上下传递材料、工具，应该用吊绳，不得抛接，防止高空坠物伤人；现场人员应戴安全帽，杆下尽量避免地勤人员逗留并严禁行车。

2.7 作业人员登杆前，检查登杆工具是否安全可靠，确认无误后方可登杆；登杆时做到"脚踩稳、手扒牢、一步一步慢登高，到达位置第一要，安全带系牢靠"；安全带应系在牢固可靠的构件上；当转换工作位置时，应重新系好安全带；放紧线过程中，杆上人员一定要选好工作位置，防止跑线伤人或造成人员高空坠落。

2.8 地勤人员应戴好安全帽，尽量避免停留在杆下；工具、材料用绳索传递，尽量避免高空坠物；剪断导线前，先用绑线缠绕3～5圈，防止散股；辅助人员将剪断的导线抓住，防止剪断后伤人。

2.9 导线临时接头要光滑，放线时杆上禁止有人作业，并派人负责看护导线过滑轮。

2.10 杆上、杆下人员选好安全位置；工器具使用前，做好详细认真检查。

2.11 在线路经过铁路、公路、村镇时，设专人警戒看护，并疏导交通，防止行人、车辆靠近施工现场。

3 作业流程

3.1 现场勘察。进行较为复杂的电力线路放线作业，或相关人员（生产、安全管理人员、工作票签发人或工作负责人）认为有必要进行现场勘察的施工作业，由现场工作负责人组织相关人员（施工技术、安监人员）进行现场勘察，并做好勘察记录，确定现场作业危险点及控制措施，制定现场施工方案。

3.2 召开班前会。施工作业开始前，由现场工作负责人召开全体施工人员会议，进行技术交底和安全交底，分配工作任务。

3.3 放线。放线作业必须统一指挥、统一信号，作业人员应做到分工明确、配合默契；放线时，一人引领线头，多人沿线分布，负责挂线、传递信号、排除障碍。

4 质量标准

4.1 现场勘察的内容。

4.1.1 落实施工作业需要停电的范围（停电设备名称及所属单位）、保留带电设备及带电部位。

4.1.2 落实施工作业涉及的交叉跨越（电力线路、弱电线路、铁路、公路、建筑物、种植物等）及跨越（穿越）方案。

4.1.3 落实所需材料、设备的规格、型号和数量。

4.1.4 查看施工现场条件和环境（施工运输道路、种植物损毁赔付等）。

4.2 根据现场勘察结果，对施工危险性、复杂性和困难程度较大的施工作业项目，必要时应编制组织措施、技术措施和安全措施，经本单位安全生产主管领导批准后执行。

4.3 交底与分工。

4.3.1 技术交底。由现场工作负责人向全体施工人员交代施工方案、施工工艺质量要求、作业注意事项。

4.3.2 安全交底。由现场工作负责人向全体施工人员交代施工危险点及控制措施，交代工作任务。

4.3.3 进行人员分工，明确工作监护人的监护范围和被监护人及其安全责任等。当分组工作时，每一小组应指定工作负责人（工作监护人），并使用工作任务单。

4.4 放线时应注意以下几点：

4.4.1 地勤人员选择平坦地形，支好线盘。线盘一般应支在耐张杆附近，分配专人看护线盘，其职责是：打开线盘、拆除线盘上铁钉等物，以免剐伤导线；采取制动措施，以防线盘飞车；防止线盘倾倒伤人；注意观察导线接头和损伤情况，并做好记录；与领头人保持通信畅通，如遇异常则立即叫停，以免导线打金钩等意外发生。

4.4.2 放线由领头人带领若干人员进行，每根导线应始终沿线路一侧进行，以免绞线。放线应保持匀速前进，不得猛拉快跑。

4.4.3 放线经过的电杆上应挂放线滑轮，导线放入放线滑轮后应可靠封口，以免导线脱落。导线上吊及放入放线滑轮时必须叫停放线，以免发生意外，待挂线人下杆后方可继续放线，以免滑轮卡线而拉倒电杆。

4.4.4 放线经过村镇街道、公路、铁路和跨越架时，应设专人看护，以防车辆挂线伤人或导线剐伤行人，防止车辆轧伤导线，防止发生其他意外。

4.4.5 放线跨越或穿越带电线路时，带电线路必须可靠停电。确不能停电时，应搭设牢固可靠的跨越架或穿越架，做到万无一失。放线时，还应采取防止磨伤或压断下方线路导线的措施。

4.4.6 无线盘放线时，应设法使线团旋转，切不可提圈放线，否则将出现背股、金钩而损伤导线。

4.4.7 第一根导线放到头并适当抽紧余线后，通知看线盘人员留足长度后剪断导线，然后再开始第二根导线放线。

4.4.8 放线过程中，若发现一个跨距有多处损伤断股，不得修补，应剪掉重新放线。

4.4.9 导线展放长度：平地应比全长增加 2%，山地应比全长增加 3%。

6.8 导线的接续作业标准

1 准备工作

1.1 安全防护：作业人员正确佩戴和使用个人防护用品；在运行线路上作业时，涉及计划申报、工作票签发与审核、预想会、停电作业、作业结束等工作环节及安全措施，按《铁路电力管理规则》和《铁路电力安全工作规程》中的有关要求及程序办理；新建线路作业时，注意与相邻带电线路的距离，并做好现场防护。

1.2 人员组织：工作执行人 1 人、工作监护人 1 人、操作人 2 人、辅助人 2 人、驻站要令 1 人、验电接地工 4 人。

1.3 工器具材料：

材料要求：规格、型号正确，质量合格，数量满足需要。

工器具要求：质量合格、安全可靠、数量及型号满足需要。

材料：接续管（根据需要选用）、预绞式全张力、接续条（根据需要选用）、电力复合脂、中性凡士林、砂纸、抹布、毛刷、扎线、铁丝等。

登高工具：脚扣、安全帽、安全带等。

通信防护用具：对讲机、标示牌（禁止类、允许类和警告类）、防护服、防护手套等。

绝缘工具：验电器、绝缘操作杆、绝缘拉杆、绝缘手套、三合一地线（含接地针）、绝缘靴。

个人工具：电工钳、扳手、螺丝刀、钢锯、手锤、小绳及工具包等。

起重牵引工具：手扳葫芦、紧线器、钢丝绳及钢丝套、工具 U 型挂环、开口滑轮、绳索等。

其他工具：临时地锚或钢锚钎、断线钳、大榔头、铁锹、铁镐、铁铲或木杠、压接工具等。

2 安全卡控点

2.1 接续作业时，严防导线触及带电线路，带电线路应配合停电；确不能停电时，应搭跨越架；导线从带电线路下方通过时，严防导线上弹。

2.2 导线跨越或穿越带电线路（跨越架）或临近带电线路时，亦应设专人监护。

2.3 断开有可能返送电的线路开关，并挂接地线；在有可能产生感应电的地段，应加挂接地线或使用个人保安线。

2.4 确认线路名称、地点、电杆编号、是否已停电并做好安全措施；确认无误后，在工作监护人的监护下方可登杆，以防误登、误操作；五级以上大风或雷雨时，禁止登杆。

2.5 登杆前，检查基础是否牢固、电杆是否有裂纹；在新立电杆上作业前，应将回填土夯实；登冲刷、起土、上拔和导线、拉线松弛的电杆，应采取安全措施。

2.6 登杆作业所用工具及零星材料应装入工具包内；上下传递材料、工具，应该用吊绳，不得抛接，防止高空坠物伤人；现场人员应戴安全帽，杆下尽量避免地勤人员逗留并严禁行车。

2.7 作业人员登杆前，检查登杆工具是否安全可靠，确认无误后方可登杆；登杆时做到"脚踩稳、手扒牢、一步一步慢登高，到达位置第一要，安全带系牢靠"；安全带应系在牢固可靠的构件上；当转换工作位置时，应重新系好安全带；放紧线过程中，杆上人员一定要选好工作位置，防止跑线伤人或造成人员高空坠落。

2.8 地面辅助人员应戴好安全帽，尽量避免停留在杆下；工具、材料用绳索传递，尽量避免高空坠物；剪断导线前，先用绑线缠绕 3～5 圈，防止散股；辅助人员将剪断的导线抓住，防止剪断后伤人。

2.9 导线临时接头要光滑，放线时杆上禁止有人作业，并派人负责看护导线过滑轮。

2.10 杆上、杆下人员选好安全位置；工器具使用前，做好详细认真检查。

2.11 在线路经过铁路、公路、村镇时，设专人警戒看护，并疏导交通，防止行人、车辆靠近施工现场。

2.12 不同金属、不同规格、不同绞向的导线，不得在档距内连接。

2.13 在每一档距内，每条导线允许有一个接头，但架空电力线路跨越标准铁路、公路（一、二级）、电车道、其他电力线路、通信线（一、二级）、主要河流的导线，不允许有接头，接头与绝缘子之间的距离应大于 500 mm。

3 作业流程

3.1 用接续管作业。

3.1.1 检查接续管与导线的规格是否一致。

3.1.2 检查接续管有无裂纹、毛刺，是否平直，其弯曲度应不大于 1%。

3.1.3 检查压接工具是否完整，并在活动部分涂以润滑油，然后安装压模。

3.1.4 将导线用钢锯锯齐，锯前应在锯点两侧用与导线相同的线将导线扎紧，以免松股，钢锯应垂直于导线。

3.1.5 将导线各接续管内壁清洗干净，导线清洗长度为连接部分的 1.25 倍。然后在导线表面与接续管的内壁涂一层中性凡士林，清除氧化膜，保持表面上的油光。

3.1.6 将两根导线分别在接续管两端插入，使线端头露出管外 20～30 mm；使用钢芯铝绞线时，应在插入一根导线后，中间插入铝垫片，再插入另一根导线。

3.1.7 将接续管放入压接工具的压模中，并使两导线平直，铜绞线和铝绞线从一端开始，依次向另一端交错压接；钢芯铝绞线从中间开始，依次向一端交错压接，压完一端再压另一端，并应使接续管最外边的压口位于导线端头侧。

3.2 用预绞式全张力接续条作业。

3.2.1 检查预绞式全张力接续条与导线的规格是否一致。

3.2.2 检查预绞式全张力接续条钢芯与外层的铝绞线是否有断股、散股、弯曲现象。如有断股、散股、弯曲现象，禁止使用。

3.2.3 将导线从故障地点位置、距离故障地点前、后各三个跨距的导线放至距离地面 1 m 的位置。

3.2.4 将导线用钢锯锯齐，锯前应在锯点两侧用与导线相同的线将导线扎紧，以免松股，钢锯应垂直于导线。

3.2.5 锯断导线以后，再从锯断点开始剥去 210 mm 的铝线。在剥线前，先用绝缘胶带在 210 mm 的位置缠绕两圈，防止剥线时散股。剥出钢芯，将钢心校直。另一端操作方法相同。

3.2.6 剥好的钢芯要比预绞式全张力接续条的钢芯长出 5～10 mm，检查剥线是否符合标准。

3.2.7 缠绕预绞式全张力接续条时，需要 2 人辅助，以防止导线摆动。辅助人员应将导线放平直。

3.2.8 制作接续条人员要站在接头中间，应戴干净无灰尘的手套制作。

4 质量标准

4.1 用接续管作业。

4.1.1 压接时，每一个压坑应一次压完，中途不能间断，并压到规定深度，即压到上下模接触为止，稍停后即可松开压钳进行下一个压口。

4.1.2 钳压后导线端头露出长度不应小于 20 mm，导线端头绑线应保留。

4.1.3 压接后的接续管弯曲部分长度不应大于管长的 2%，有明显的弯曲时应校直。

4.1.4 压接后或校直的接续管不应有裂纹。

4.1.5 压接后，弯曲度已超过 3%时或压弯校直的接续管发生裂纹时，必须切断重接。

4.1.6 接续管两端附近的导线不得鼓包。若鼓包不大于原有直径的 50%，可用木锤将鼓包部分逐渐擀平；若超过 50%，必须切断重接。

4.1.7 接头的抗拉强度不应小于被连接导线本身强度的 90%。

4.1.8 接头的电阻值不应大于相同导线的电阻值。

4.2 用预绞式全张力接续条作业。

4.2.1 在安装导线接续条前，必须将导线彻底清洁、打磨，去除氧化层，直至露出光泽，涂上一层电力复合脂，防止导电性能差。

4.2.2 缠绕预绞式全张力接续条时，先缠绕钢芯，从钢芯中心点的一端开始缠绕，缠绕完毕之后，再缠绕另一端。

4.2.3 70 型预绞式全张力接续条钢层有两层钢芯，第一层钢芯和第二层钢芯是相反缠绕的。缠绕好的预绞式全张力接续条钢芯的两端要留有 1～3 mm 的间隙。

4.2.4 检查缠绕好的预绞式全张力接续条的钢芯是否密贴、散股，不密贴或散股的应重新缠绕。

4.2.5 预绞式全张力接续条的铝层是从一头开始缠绕的，缠绕预绞式全张力接续条铝层时，第 1 次缠绕 2 根，第 2 次缠绕 3 根，第 3 次把剩余的 6 根一次性缠绕上。

4.2.6 预绞式全张力接续条钢层和铝层的中心点的色标要对齐，以防受力不均匀。

4.2.7 做好的预绞式全张力接续条要在导线上用红色油漆做上标记，防止抽脱。

4.2.8 预绞式导线接续条只能使用一次，任何情况下都不能重复使用。

6.9 紧线和弛度调整作业标准

1 准备工作

1.1 安全防护：作业人员正确佩戴和使用个人防护用品；在运行线路上作业时，涉及计划申报、工作票签发与审核、预想会、停电作业、作业结束等工作环节及安全措施，按《铁路电力管理规则》和《铁路电力安全工作规程》中的有关要求及程序办理；新建线路作业时，注意与相邻带电线路的距离，并做好现场防护。

1.2 人员组织：工作执行人1人、工作监护人若干、操作人若干、辅助人若干、驻站要令1人、验电接地工4人。

1.3 工器具材料：

材料要求：规格、型号正确，质量合格，数量满足需要。

工器具要求：质量合格、安全可靠、数量及型号满足需要。

材料：导线、扎线、铝包带、铁丝、压接管（接续条）、镀锌铁线、凡士林等。

登高工具：脚扣、安全帽、安全带等。

通信防护用具：对讲机、标示牌（禁止类、允许类和警告类）、个人保安线、防护服、防护手套等。

绝缘工具：验电器、绝缘操作杆、绝缘拉杆、绝缘手套、三合一地线（含接地针）、绝缘靴。

个人工具：电工钳、扳手、螺丝刀、手锤、小绳等。

起重牵引工具：手扳葫芦、紧线器、钢丝绳及钢丝套、工具U型挂环、放线滑轮、绳索等。

其他工具：临时地锚或钢锚钎、断线钳、大榔头、铁锹、铁镐、铁铲或木杠、压接工具等。

2 安全卡控点

2.1 作业时，严防导线触及带电线路，带电线路应配合停电；确不能停电时，应搭跨越架；导线从带电线路下方通过时，严防导线上弹。

2.2 登杆作业前，核对线路名称及杆号，确认无误后方可登杆；应设专人监护，以防误登、误操作；五级以上大风或雷雨时，禁止登杆。

2.3 导线跨越或穿越带电线路（跨越架）或临近带电线路时，亦应设专人监护。

2.4 断开有可能返送电的线路开关，并挂接地线；在有可能产生感应电的地段，应加挂接地线或使用个人保安线。

2.5 作业人员登杆前，检查登杆工具是否安全可靠，确认良好后方可登杆；登杆时做到"脚踩稳、手扒牢、一步一步慢登高，到达位置第一要，安全带系牢靠"；安全带应系在牢固可靠的构件上；当转换工作位置时，应重新系好安全带；在放紧线的过程中，杆上人员一定要选好工作位置，防止跑线伤人或造成人员高空坠落。

2.6 作业人员登杆前，观测估算电杆埋深及裂纹情况，确认稳固后方可登杆作业；

必要时，打临时拉线。

2.7 地面辅助人员应戴好安全帽，尽量避免停留在杆下；工具、材料应该用绳索传递，尽量避免高空坠物伤人；剪断导线前，先用绑线缠绕3～5圈，防止散股；辅助人将剪断的导线抓住，防止剪断后伤人。

2.8 导线临时接头要光滑，放线时杆上禁止有人作业，并派人负责看护导线过滑轮。

2.9 杆上、杆下人员选好安全位置，工器具使用前做好详细认真检查。

2.10 在线路经过铁路、公路、村镇时，应设专人警戒看护，并疏导交通，防止行人、车辆靠近施工现场。

2.11 耐张杆导线固定后，才能开始将其他杆型上的导线固定在绝缘子上。

2.12 结束前，清理线上临时保安线，拆除临时拉线。

3 作业流程

3.1 紧线前准备。

3.2 观测弧垂。导线弧垂可根据档距、导线型号和当天气温计算出来，亦可根据规律档距查表。

3.3 紧线和调整弛度。在耐张段一端耐张杆上做头挂线，在另一端耐张杆上紧线；紧线时，应在线路全线设人看护，监视导线有无挂卡、后段未升起现象。

4 质量标准

4.1 调整耐张杆拉线，使耐张杆稍向拉线侧适度预偏；调整紧固耐张杆横担，使横担垂直线路或在二等分线上；耐张杆无论有无顺线拉线，紧线前都应在耐张段两端耐张杆上用钢丝绳打上临时拉线，必要时横担两端亦应打上临时拉线；调整紧固直线杆横担，使横担垂直线路；埋设好紧线用临时地锚，检查紧线工具是否摆放好。

4.2 观测弧垂。一般采用平行四边形法观测，即在观测档两端电杆上按已知的弧垂尺寸绑上横标杆，观测人登杆，平视两标杆，当导线弧垂最低点落在两标杆的水平视平线上时，即刻叫停紧线，此时的导线弧垂即为理想弧垂。观测档一般选在耐张段中间或偏后的位置，并尽量选用大档距进行观测。三相导线的弧垂应力求一致，在允许误差范围内，一般中相不得低于边相。观测弧垂人员应与紧线人员保持通信畅通，以便信号传递。施工安装时的弧垂还应考虑导线的初伸长，一般通过缩小弧垂来弥补（铝芯线20%，钢芯线12%）。此外，导线对地及物体的距离还应该满足下列要求：

4.2.1 导线对地距离：在最大弛度下，电压不小于 10 kV 时，居民区 6.5 m，非居民区 5.5 m；电压为 0.38 kV 时，居民区 6 m，非居民区 5 m。

4.2.2 架空线路导线与建筑物最小距离：10 kV 电压时，垂直距离 3 m，水平距离 1.5 m；0.38 kV 电压时，水平距离 2.5 m、水平距离 1 m。

4.2.3 导线与树木间的最小距离：0.38 kV 电压时，水平距离 1 m，垂直距离 1 m；10 kV 电压时，水平距离 2 m，垂直距离 1.5 m。

4.3 导线弧的误差不应超过设计弧度的 ±5°；导线紧好后，同档内各相导线弧垂力求一致，水平排列的导线的弧垂相差不应大于 50 mm。

4.4 架设新导线时，应考虑导线的初伸长，一般采用减小导线弧垂法补偿，弧垂减小的百分数为：硬铝绞线 –20%，钢芯铝绞线 –12%，钢绞线 –5%，镀锌铁线 –5%。

4.5 同一层横担架设截面不同的导线时，弧垂以最大截面的导线为准。

4.6 紧线时，用手扳葫芦和紧线器在杆上紧线，手扳葫芦链一端固定在耐张线夹上的环内。

作业人员在杆上挂好手扳葫芦和滑轮，将牵引绳通过滑轮与紧线器连接，把紧线器卡在导线上。

地勤人员拉动牵引绳抽紧余线，杆上人员用手扳葫芦和紧线器配合，牵引绳收紧导线至合适弛度（既不能影响做头，也不能因卡得太远而造成取紧线器困难），卡上紧线器；检查并确认紧线器受力良好后，地勤人员慢放牵引绳，让手扳葫芦受力，通过操作手扳葫芦紧导线至理想弛度（若确实通过一次紧线达不到弛度要求，可再用一套手扳葫芦和紧线器进行多次调整，直到弛度达标）；给导线缠上铝包带，将导线固定在耐张线夹内，紧固卡线螺丝，检查无误后，慢松手扳葫芦，使葫芦链处于松弛状态，松开紧线器和手扳葫芦，使导线恢复自然状态；做好引流线，检查无误后，杆上人员拆除工器具，下杆结束工作。

4.7 大型号导线亦可在紧好导线后，在杆上给导线做记号，落下导线在地面卡线，然后再升线挂线。紧线时，一般应同时先紧两边相，后紧中间相，亦可采用组合滑轮三相同时紧线。

6.10 绝缘子绑扎作业标准

1 准备工作

1.1 安全防护：作业人员正确佩戴和使用个人防护用品；需要对运行绝缘子进行绑扎作业时，涉及计划申报、工作票签发与审核、预想会、停电作业、作业结束等工作环节及安全措施，按《铁路电力管理规则》和《铁路电力安全工作规程》中的有关要求及程序办理；新建线路作业时，注意与相邻带电线路的距离，并做好现场防护。

1.2 人员组织：工作执行人 1 人、操作人 1 人、辅助人 1 人、驻站 1 人（需要时）、验电接地工 4 人（需要时）。

1.3 工器具材料：

材料要求：规格、型号正确，质量合格，数量满足需要。

工器具要求：质量合格、安全可靠、数量及型号满足需要。

材料：铝绑线、扎线、铝包带、配电绑线等。

登高工具：脚扣、安全帽、安全带等。

通信防护用具：对讲机、标示牌（禁止类、允许类和警告类）、个人保安线、防护服、防护手套等。

绝缘工具：验电器、绝缘操作杆、绝缘拉杆、绝缘手套、三合一地线（含接地针）、绝缘靴。

个人工具：电工钳、扳手、螺丝刀、手锤、小绳及工具包等。

其他工具：铁锹。

2 安全卡控点

2.1 操作人员必须听从统一指挥，做好作业现场防护，非施工人员不得进入施工现场。

2.2 登杆作业前，核对线路名称及杆号，确认无误后方可登杆，并设专人监护，以防误登、误操作；五级以上大风或雷雨时，禁止登杆。

2.3 在新立电杆上作业前，回填土应夯实；登冲刷、起土、上拔和导线、拉线松弛的电杆，应采取安全措施。

2.4 登杆工具、安全带应完好合格；登杆作业所用工具及零星材料应装入工具包内，上下传递材料、工具应该用吊绳，不得抛接，防止高空坠物伤人；现场人员应戴安全帽，杆下严禁行车和无关人员逗留。

2.5　作业人员登杆前，应检查登杆工具是否安全可靠，确认良好后方可登杆；登杆时做到"脚踩稳、手扒牢、一步一步慢登高，到达位置第一要，安全带系牢靠"。

2.6　安全带系上后，必须检查扣环是否扣牢；杆上作业转位时，不得失去安全带保护；安全带必须系在牢固的构件或电杆上，不得系在绝缘子、避雷器、导线等不牢固的物件上；杆上作业，应防止安全带从杆顶脱出或被锋利物割伤；严禁不系安全带进行高空作业。

3　作业流程

3.1　作业前对绝缘子及相关连接件进行检查。

3.2　顶绑固定。

3.2.1　将导线放在绝缘子顶槽内，在绑线一端留出一个短头，用短头在绝缘子左侧的导线上缠绕 3 圈，缠绕方向是自导线外侧经导线上方绕向导线内侧。

3.2.2　用绑线长头从绝缘子顶槽内侧绕到绝缘子右侧，在导线上缠绕 3 圈，方向是从导线下方经内侧绕到导线上方。

3.2.3　用绑线长头在绝缘子颈槽外侧绕到绝缘子左侧，并在导线上缠绕 3 圈，方向是从导线下方经导线内侧绕向导线上方。

3.2.4　用绑线长头自绝缘子颈槽内侧绕到绝缘子右侧导线下方，经外侧绕向导线上方。

3.2.5　用绑线长头自绝缘子外侧绕到绝缘子左侧导线下面，从导线内侧上来，经过绝缘子顶部交叉后压在导线上，然后从绝缘子右侧导线外侧绕到绝缘子颈槽内侧，并从绝缘子左侧导线的下方经导线外侧上来，经过绝缘子顶部交叉后压在导线上，此时已形成一个十字叉压在导线上。

3.2.6　重复以上方法再绑一个十字叉，把绑线长头从绝缘子右侧导线内侧经下方绕到绝缘子颈槽外侧，与绑线短头在绝缘子外侧中部拧 2～3 个劲儿，成为一个小辫，将多余部分剪掉，然后压平。

3.3　颈绑固定。

3.3.1　在绑线一端留出一个短头，长度为 250 mm。

3.3.2　将导线放在与张力方向相反的绝缘子颈槽内，将直线杆导线放在靠电杆一侧的绝缘子颈槽内，用绑线短头在绝缘子左侧导线上缠绕 3 圈，方向是从导线外侧经过导线上方绕到导线内侧；然后用绑线长头从绝缘子颈槽内侧绕到绝缘子右侧导线上方，至绝缘子左侧导线外侧，经导线下方绕到绝缘子颈槽内侧。

3.3.3 将绑线长头绕到绝缘子右侧导线的下方压下，压着导线至绝缘子左侧导线上方，绕到绝缘子右侧导线的下方，压着导线至绝缘子左侧导线上方，绕到绝缘子颈槽内侧。此时，绑线在导线外侧形成一个十字叉。

4 质量标准

4.1 作业前，根据技术要求核实并检查绝缘子及连接金具的规格、型号与导线的规格、型号是否相符，确保安全；检查绝缘子的瓷质部分有无裂纹、硬伤、脱釉等现象（合成绝缘子应检查外观是否有缺陷）；检查主绝缘部分与金属部分的连接是否牢固可靠；检查金属部分有无严重锈蚀现象。不合格绝缘子、金具不得在线路中使用；使用金具连接时，应检查其有无锈蚀、损坏、螺丝脱扣等现象。

4.2 铝绞线和钢芯铝绞线绑线材料应与导线材料相同，但铝镁合金导线应使用铝绑线。

4.3 绝缘导线应使用有外皮的铁绑线。

4.4 铝绑线的直径应在 2.0～2.6 mm 范围内（或选用本线单股铝绞线作为绑线）。

4.5 铝导线在绑扎之前，在导线与绝缘子接触的地方缠裹铝包带，缠绕长度要求如下：顶绑固定时，在绑扎处的导线上缠绕铝绑带 200 mm，在绑线一端留出一个长度为 250 mm 的短头；颈绑固定时，在绑扎处的导线上缠绕铝绑带 150 mm，在绑线一端留出一个长度为 250 mm 的短头。

6.11 双杆变台组装作业标准

1 准备工作

1.1 安全防护：作业人员正确佩戴和使用个人防护用品；在运行线路上作业时，涉及计划申报、工作票签发与审核、预想会、停电作业、作业结束等工作环节及安全措施，按《铁路电力管理规则》和《铁路电力安全工作规程》中的有关要求及程序办理；新建线路作业时，注意与相邻带电线路的距离，并做好现场防护。

1.2 人员组织：工作执行人 1 人、操作人 4 人、工作监护人若干、辅助人 2 人、驻站要令 1 人、验电接地工 4 人。

1.3　工器具材料：

材料要求：规格、型号正确，质量合格，数量满足需要。

工器具要求：质量合格、安全可靠、数量及型号满足需要。

材料：高压横担、M垫铁、U形抱箍、双杆设备横担、变压器托架、配电箱横担、变压器托架抱箍、工作台、平台围栏、配电箱、绝缘子、并沟线夹、铝绑带、扎线、镀锌铁线、绝缘线、多股软铜线、电力三相变压器、镀锌穿钉、凡士林等。

登高工具：脚扣、安全帽、安全带等。

通信防护用具：对讲机、标示牌（禁止类、允许类和警告类）、个人保安线、防护服、防护手套等。

绝缘工具：验电器、绝缘操作杆、绝缘拉杆、绝缘手套、三合一地线（含接地针）、绝缘靴。

个人工具：电工钳、扳手、螺丝刀、手锤、小绳及工具包等。

起重牵引工具：手扳葫芦、紧线器（钳）、钢丝绳及钢丝套、工具U型挂环、开口滑轮、绳索等。

其他工具：临时地锚或钢锚钎、断线钳、大榔头、铁锹、铁镐或木杠等。

2　安全卡控点

2.1　所有操作人员必须听从统一指挥，做好作业现场防护，非施工人员不得进入作业现场。

2.2　确认线路名称、地点、电杆编号、是否已停电并做好安全措施，确认无误后，在工作监护人的监护下方可登杆，以防误登、误操作；五级以上大风或雷雨时，禁止登杆作业。

2.3　登杆前，检查基础是否牢固、电杆是否有裂纹；在新立电杆上作业前，应将回填土夯实；登冲刷、起土、上拔和导线、拉线松弛的电杆，应采取安全措施。

2.4　登杆作业所用工具及零星材料应装入工具包内；上下传递材料、工具，应该用吊绳，不得抛接，防止高空坠物伤人；现场人员应戴安全帽，杆下严禁行车和无关人员逗留。

2.5　作业人员登杆前，检查脚扣各部位有无断裂、锈蚀现象，并对安全带、登杆工具做冲击试验，确认良好后方可登杆；登杆时，做到"脚踩稳、手扒牢、一步一步慢登高，到达位置第一要，安全带系牢靠"。

2.6　安全带系上后，必须检查扣环是否扣牢。杆上作业转位时，不得失去安全带保护；安全带必须系在牢固的构件或电杆上，不得系在绝缘子、避雷器、导线等不牢固的物件上；在新立电杆上作业时，应防止安全带从杆顶脱出或被锋利物割伤；严禁不系安全带进行高空作业。

2.7 低压配电箱各开关的电源相序应与变压器二次相序保持一致，不得交叉。

2.8 变压器安装后，第一次摇测的绝缘电阻必须与出厂值一致，并记录进档案。

2.9 变压器的分接开关必须打到与高压系统电压一致的档位。

2.10 送电后，必须测量二次额定电压是否正常、三相用户的相序是否正确。

3 作业流程

3.1 平整变台地面。

3.2 设备应从电杆下部开始安装。

3.3 安装低压配电箱横担及箱体。

3.4 安装变压器托架槽钢及托架抱箍。

3.5 吊装变压器。

3.6 安装工作台及围栏。

3.7 安装设备横担及避雷器、跌落开关。

3.8 安装高压引线横担及绝缘子。

3.9 装设高压引线。

3.10 安装变压器二次引线及保护管。

3.11 配置低压配电回路。

4 质量标准

4.1 配电箱横担安装应水平，距离地面高度 1.2 m。

4.2 安装工作台时，与地面应保持 2.5 m；台面应水平，因为台面水平后各部固定就牢靠。

4.3 变压器要牢固地固定在托架上，不得倾斜。

4.4 安装设备横担时，应水平。

4.5 安装避雷器时，应垂直接地。引线为铝绞线时，截面不小于 25 mm²；引线为软铜线时，截面不小于 16 mm²；接地极引上线采用 8 mm 的圆钢，保护管埋入地下 0.3 m，外露 1.7 m，开口处距离地面 1.8 m。

4.6 安装跌落开关，倾斜角度为 25°～30°，三个熔断器的倾斜角度应一致，断开后熔断管应自由落下，闭合时应接触良好。

4.7 安装跌落开关横担时，必须保证熔断管断开后距变压器工作台面 2.5 m。

4.8 跌落开关必须安装在变压器的二次侧。

4.9 跌落开关上引线应垂直，不得有弯曲；绝缘子不得破损。

4.10 跌落开关下引线不得有弯曲，固定牢靠，与变压器一次侧连接采用铜铝过渡线夹。

4.11 上引线与架空线连接，必须缠绕长度为 100 mm 的铝绑带。

4.12 变压器二次侧引线采用铜铝过渡线夹，中心线及外壳可靠接地，接地电阻不得大于 10 Ω。

4.13 低压配电箱尽可能前后开门；闸板若采用木制的，必须用 ϕ0.5 mm 镀锌铁皮将其包住；导线穿过孔时，应在孔内装上瓷管；铁制闸板孔内装绝缘护管。

4.14 箱内配线应横平竖直，开关与闸板边的距离应不小于 75 mm，开关与开关间的距离应不小于 20 mm，三相四线电度表应装在左上方单个电度表右上方，电流互感器应装在闸板后面。

4.15 悬挂警示牌（高压危险，禁止攀登）。

6.12 变压器检修作业标准

1 准备工作

1.1 安全防护：作业人员正确佩戴和使用个人防护用品；对运行线路上的变压器进行检修时，涉及计划申报、工作票签发与审核、预想会、停电作业、作业结束等工作环节及安全措施，按《铁路电力管理规则》和《铁路电力安全工作规程》中的有关要求及程序办理；新建线路变压器作业时，注意与相邻带电线路的距离，并做好现场防护。

1.2 人员组织：工作执行人 1 人、工作监护人 1 人、操作人 2 人、辅助人 1 人、驻站要令 1 人、验电接地工 4 人。

1.3 工器具材料：

材料要求：规格、型号正确，质量合格，数量满足需要。

工器具要求：质量合格、安全可靠、数量及型号满足需要。

材料：砂布、抹布、防潮硅胶、电力复合脂、凡士林、胶布、毛刷、熔断器/丝、避雷器、空气开关、绝缘线、锁、机油壶、变压器油、铝绑线、铝包带、接线端子、开口销、M销、油漆（红、绿、黄、黑、灰）、镀锌铁线等。

登高工具：脚扣、安全帽、安全带等。

通信防护用具：对讲机、标示牌（禁止类、允许类和警告类）、个人保安线、防护服、防护手套等。

绝缘工具：验电器、绝缘操作杆、绝缘拉杆、绝缘手套、三合一地线（含接地针）、绝缘靴。

个人工具：电工钳、扳手、螺丝刀、手锤、小绳及工具包等。

其他工具：万用表、绝缘电阻表、接地电阻表、欧姆表或测量用电桥、铁锹、压接工具等。

2 安全卡控点

2.1 操作人员必须听从统一指挥，做好作业现场防护，非施工人员不得进入施工现场。

2.2 确认线路名称、地点、电杆编号、是否已停电并做好安全措施，确认无误后，在工作监护人的监护下方可登杆，以防误登、误操作；五级以上大风或雷雨时，禁止登杆。

2.3 登杆前，检查基础是否牢固、电杆是否有裂纹；在新立电杆上作业前，应将回填土夯实；登冲刷、起土、上拔和导线、拉线松弛的电杆，应采取安全措施。

2.4 登杆作业所用工具及零星材料应装入工具包内；上下传递材料、工具时，应该用吊绳，不得抛接，防止高空坠物伤人，现场人员应戴安全帽，杆下严禁行车和无关人员逗留。

2.5 作业人员登杆前，检查脚扣各部位有无断裂、锈蚀现象，并对安全带、登杆工具做冲击试验，确认良好后方可登杆；登杆时，做到"脚踩稳、手扒牢、一步一步慢登高，到达位置第一要，安全带系牢靠"。

2.6 安全带系上后，必须检查扣环是否扣牢。杆上作业转位时，不得失去安全带保护，安全带必须系在牢固的构件或电杆上，不得系在绝缘子、避雷器、导线等不牢固的物件上；作业时，应防止安全带从杆顶脱出或被锋利物割伤；严禁不系安全带进行高空作业。

2.7 停电操作低压开关时，必须按照先分后总、先负荷侧后母线侧进行；送电时，按先总后分、先母线侧后负荷侧进行。

2.8 部分停电作业时，在停电范围设围栏（绳），并挂"在此工作"标志牌；作业时，加强监护，不准随意扩大"工作票"范围以外的工作；在带电设备周围，严禁使用钢卷尺和夹有金属丝的线尺进行测量工作。

2.9 拆除变压器一、二次侧引线，拧松导电杆的螺丝时，必须先把压紧套管的螺帽用开口扳子固定住，再拧松上边的螺帽，防止因导电螺杆旋转而造成变压器内部接线拉断或短路。

2.10 拆卸线路电缆（线）前，先做好记录，防止安装时装错。

2.11 摇测变压器的工作接地电阻时，必须先办理停电，然后方可摇测，或者在变压器检修时同时进行，不得带电摇测。

2.12 采用分接开关调整变压器二次侧输出电压后，必须用欧姆表或测量用电桥检查回路的完整性，三相电阻均应一致。

2.13 送电后，必须确认二次额定电压是否正常，并且确认相序正确。

3 作业流程

3.1 紧固变台各部螺栓，检查温度。螺栓紧固和温度检查应在开工后首先进行，检查时应注意温度计是否完好；由温度计查看变压器上层油温是否正常，或是否接近或超过最高允许限额；当玻璃温度计与压力式温度计相互间有显著异常时，应查明是仪表不准还是油温确有异常。

3.2 检查油位、油色，检查吸湿器，更换变质的吸附剂。

3.3 检查漏油。检查一、二次侧套管有无渗油、破损、烧伤，清除瓷座污垢。如有渗油，拧紧底座螺丝，紧固时必须对角拧，不得用力过猛，以防密封胶圈被挤出，紧固后擦干净，看是否还渗油，若渗油则须更换密封胶圈。

3.4 检查高压熔断器（丝）、避雷器等附属设备，标准参照高压熔断器（丝）、避雷器检修测试更换作业标准。

3.5 检查一、二次侧引线。拆除变压器一、二次侧引线，拧松导电杆的螺丝时，必须先把压紧套管的螺帽用开口扳子固定住，再拧松上边的螺帽，防止导电螺杆旋转造成变压器内部接线拉断或短路。

3.6 检查一、二次侧绝缘子及套管。检查其表面是否清洁，有无裂纹、破损及闪络放电痕迹；清洁变压器外壳，除锈涂漆；检查散热管焊口有无裂纹、渗油；外壳应接地良好。

3.7 检查二次侧配线及配电箱。清扫箱内尘土；整理各回路，检查标志标识是否完整正确；检查电度表状态，并记录读数；检查低压各回路空气开关状态及接点有无虚接，对状态不良的开关进行更换；对箱体除锈刷漆；外壳接地线应完好。

3.8　进行绝缘电阻和接地电阻测试，相关测试办法参照绝缘电阻测试作业标准和接地电阻测试作业标准。

3.9　根据日常负荷及电压测试记录，用分接开关调整电压。用分接开关调整电压时应做以下工作：

3.9.1　核对变压器名牌上所规定的比值。

3.9.2　确定分接开关的档位。

3.9.3　按照所需的二次侧电压来确定变换的档位。正常情况下分接开关的档位为10 kV，如果变压器的二次侧电压长时间超过二次侧额定电压，必须调整分接开关，如果二次侧电压高，档位应打到一次侧电压高的档位；如果二次侧电压低，分接开关应打到一次侧电压低的档位。

3.10　检查变台状态，除锈涂漆，更换不良警告标示牌。

3.11　检查周围场地和设施。

4　质量标准

4.1　油浸式电力变压器运行中的温升应按上层油温来确定，用温度计测量。上层油温升的最高允许值为55 K，为了防止变压器油劣化变质，上层油温升不宜长时间超过45 K。对于采用强迫循环水冷和风冷的变压器，正常运行时，上层油温升不宜超过35 K。

4.2　变压器油应保持清洁透明，如发现内有杂质、变色，应查明原因，打开放油阀放出杂质，更换新油；检查是否假油位，有无渗油现象；检查套管有无漏油现象，当油位指示不正常时必须查明原因，必须注意油位表出入口处有无沉淀物堆积而阻碍油的通路。

4.3　漏油会使变压器油面降低，还会使外壳散热器等产生油污，应特别注意检查阀门、套管各部分的垫圈。

4.4　高压熔断器（丝）、避雷器质量标准参见高压熔断器（丝）、避雷器检修测试更换作业标准。

4.5　拆开变压器一、二次侧引线，检查有无放电痕迹，清除打磨氧化层；检查引线是否满足载流要求，是否有烧伤断股，对不符合要求的引线进行更换。恢复一、二次侧引线时，要固定良好、密贴。

4.6 绝缘子破损、烧伤面积高压电路不大于 40 mm²，低压电路不大于 20 mm²，超过上述标准的须更换。

4.7 检查二次侧配线有无烧伤，氧化绝缘皮有无破损，是否满足载流要求，必要时更换。配电箱内二次侧低压各回路电线（缆）应保持适当距离，走向横平竖直；空气开关额定电压大于或等于线路额定电压，额定电流和过电流脱扣器的额定电流大于或等于线路计算负荷电流。

4.8 摇测变压器的绝缘电阻，一次侧选用 2 500 V 摇表，二次侧选用 500 V 摇表，摇测的阻值不得低于上次摇测阻值的 70%。摇测接地电阻：180 kVA 及以上的不得大于 4 Ω，180 kVA 以下的不得大于 10 Ω。

4.9 普通变压器一般有两种。第一种是 3 个档位：1 档——10.5 kV/0.4 kV，2 档——10 kV/0.4 kV，3 档——9.5 kV/0.4 kV。第二种是 5 个档位：1 档——10.5 kV/0.4 kV，2 档——10.25 kV/0.4 kV，3 档——10 kV/0.4 kV，4 档——9.75 kV/0.4 kV，5 档——9.5 kV/0.4 kV。电压质量应符合下述标准：10 kV 及以下三相供电的为额定电压的+7%，220 V 单相供电的为额定电压的 7%～10%，自动闭塞信号变压器的二次端子为额定电压的+10%。

4.10 变台应平整完好，各金属部件无锈蚀，各种警告标示牌齐全，状态良好。

4.11 变台周围无杂草、杂物，地面应保持平整。

6.13 箱式变电站检修作业标准

1 准备工作

1.1 安全防护：作业人员正确佩戴和使用个人防护用品；对运行中的箱式变电站进行检修时，涉及计划申报、工作票签发与审核、预想会、停电作业、作业结束等工作环节及安全措施，按《铁路电力管理规则》和《铁路电力安全工作规程》中有关要求及程序办理。

1.2 人员组织：工作执行人 1 人、操作人 2 人、辅助人 1 人、工作监护人 1 人、驻站要令 1 人、验电接地工 4 人。

1.3 工器具材料：

材料要求：规格型号正确、质量合格、数量满足需要。

工器具要求：质量合格、安全可靠、数量及型号满足需要。

材料：砂布、抹布、防潮硅胶、电力复合脂、凡士林、胶布、毛刷、熔断器/丝、避雷器、空气开关、绝缘线、锁、机油壶、变压器油、铝绑线、铝包带、接线端子、开口销、M销、油漆（红、绿、黄、黑、灰）等。

登高工具：脚扣、安全帽、安全带、轻型铝合金梯子等。

通信防护用具：对讲机、标示牌（禁止类、允许类和警告类）、个人保安线、防护服、防护手套等。

绝缘工具：验电器、绝缘操作杆、绝缘拉杆、绝缘手套、三合一地线（含接地针）、绝缘靴。

个人工具：电工钳、扳手、螺丝刀、手锤、小绳及工具包等。

其他工具：定扭矩电扳手、活扳手、套管扳手、内六角扳手、万用表、绝缘电阻表、接地电阻表、欧姆表或测量用电桥、铁锹、压接工具、水泵、线轴等。

2 安全卡控点

2.1 检修组合箱式变电站时，检修作业前确认停电线路，在运行设备和检修设备上设置标示牌。

2.2 检修作业时，确认相关高压开关柜的"五防""互锁"功能良好，不得强力越过和破坏"五防""互锁"功能。

2.3 检修作业时，应与带电设备保持足够的安全距离。

2.4 停电操作低压开关时，必须按照：先分后总、先负荷侧后母线侧进行，送电时按先总后分、先母线侧后负荷侧进行，严防带负荷拉合隔离开关，停电后在电源侧操作手柄上悬挂"禁止合闸，有人工作"标志牌。

2.5 在带电设备周围，严禁使用钢卷尺和夹有金属丝的线尺进行测量工作。

2.6 操作人员接触电缆、电容器前，应对其充分放电。

2.7 对于部分停电作业，在停电范围设围栏（绳），并挂"在此工作"标志牌；作业中加强监护，不准随意到"工作票"范围以外工作。

2.8 不论高压设备带电与否，检修人员都不得单独移动或越过遮栏进行工作。必要时，必须有工作监护人在场，并符合 0.7 m 的安全距离。

2.9 遇电气设备着火时，应立即将有关设备的电源切断，然后灭火。对带电设备灭火应使用干粉灭火器，不得使用泡沫灭火器；对注油设备灭火，应使用泡沫灭火器或干燥的砂子等灭火。

2.10 拆除变压器一、二次侧引线拧松导电杆的螺丝时，必须先把压紧瓷座螺帽用呆扳手固定住，再拧松上边的螺帽，防止导电螺杆旋转造成变压器内部接线拉断或短路。

2.11 拆卸线路电缆（线）前，先做好记录，防止安装时装错。

2.12 送电后，必须确认二次侧额定电压是否正常，并且确认相序正确。

3 作业流程

3.1 变压器的维护与检修。

3.2 高压配电装置的检查。

3.2.1 检查绝缘子、绝缘套管、穿墙套管等绝缘部件是否清洁，有无破损、裂纹及放电痕迹。

3.2.2 检查母线连接处接触是否良好、支架是否坚固。

3.2.3 检查断路器和隔离开关的机械联锁是否灵活可靠。如采用电磁联锁装置，则需通电检查电磁锁动作是否灵活、开闭是否准确；检查断路器和隔离开关的触头接触是否良好，各相接触的先后是否符合要求。

3.2.4 检查传动装置内电磁铁在规定电压范围内的动作情况。

3.2.5 检查合分闸回路的绝缘电阻、合分闸时间是否符合规定。

3.3 手车式高压开关柜检查与维护。

3.3.1 检查时，应先将引入及引出线断开。

3.3.2 将小车固定在工作位置，用绝缘操作杆将断路器合闸，将推进机构的操作杆向上提起，使断路器跳闸，然后再移动小车，操作过程应无卡涩现象。当小车在柜外时，用手来回推动触头，触头的移动应灵活。

3.4 柜体检查。检查柜上装置的元件、零部件。检查柜内所有一次侧导电部分不同相的导体间及带电部分至接地部分之间的距离；紧固各连接部分及螺纹连接部分；检查柜内元件及绝缘件有无受潮、锈蚀等现象；检查柜体接地状况；连接引入及引出线，确保连接牢固，相序正确。清理柜内外积尘，污物。检查隔离手车轨道状态；检查手车室定位机构；检查上、下隔离开关静触头状态；检查电流互感器二次侧引出线；检查电缆头、联络母线、套管安装情况，应安装牢固，相序符合要求；检查仪表、继电器、指示器等；检查二次侧接线端子组接线螺钉紧固状况；检查引入及引出的连接线是否正确，是否有标号；检查接地螺栓及接地线状态。

3.5 手车检查。推动手车，检查有无卡涩；检查手车定位销状态；检查手车二次侧插头状态；检查一次侧导电部分不同相的导体之间带电部分至接地部分之间的距离；检查各类手车在柜内能否轻便地推入及抽出，能否可靠地定位于工作位置与试验位置；检查断路器手车内充油断路器油位及有无渗漏；检查试验断路器操动机构；检查机械联锁装置、各弹簧状态；在试验位置测试断路器的行程、分合闸速度等机械特性。检查电压互感器熔断器状态；检查避雷器及相关绝缘子状态；手车推入及拉出时，记下放电记录器计数指针指向的数字。

3.6　检查高压隔离开关。检查隔离开关绝缘子是否完整良好，有无裂纹和放电现象；检查操作连杆及各机械部件；检查闭锁装置及辅助接点；检查刀片和刀嘴；检查触头状态；检查母线连接处有无松动、脱落现象；检查接地线状态。

3.7　检查高压熔断器。

3.7.1　检查熔断器的接触是否良好，有无发热现象和熔疤，如果出现熔疤，应该用细锉修平，使熔管紧紧地插入插座内。

3.7.2　安装、更换装有动作指示器的熔断器时，应按要求安装，不得随意安装。

3.7.3　检查瓷件有无破裂、裂纹和闪络、烧伤等情况，如果损伤较轻，尚不影响整体强度和绝缘效果，可不做处理；如果有瓷片掉落，应当更换。

3.7.4　检查各部活动轴是否灵活，弹力是否合适，如果接点弹簧锈蚀，应予以更换。

3.7.5　检查熔断器上、下连接引线有无松动、放电和过热现象。

3.8　检查测试避雷器。避雷器外观良好，接地线状态良好，截面应足够。

3.9　检查电流互感器及表计。

3.9.1　对于运行中的电流互感器，工作中严禁将电流互感器二次侧回路开路；根据需要在适当地点将电流互感器二次侧回路短路。

3.9.2　运行中的电流互感器及其二次侧线需要更换时，除应执行有关安全工作规程的规定外，还要注意下列几项：

（1）更换损坏的电流互感器时，应选用同样型号和规格的电流互感器，并要求极性正确、伏安特性相近，并经试验合格。若成组更换电流互感器，除注意上述要求外，应重新审核继电器保护整定值及仪表计量的倍率。

（2）更换二次侧电缆时，电缆截面、芯数等必须满足最大负载电流的要求，并对新电缆进行绝缘电阻测定，更换后要核对接线无误。

（3）新换上电流互感器或更动二次侧接线后，在运行前必须测定整个二次回路的极性。

3.10 检查配电盘（柜）。

3.10.1 检查配电盘和盘上电器元件的名称、标志、编号等是否清楚、正确；盘上所有的操作把手、按钮和按键等的位置与现场实际情况是否相符，固定是否牢靠，操作是否灵活。

3.10.2 检查配电盘上表示"合""分"等的信号灯和其他信号指示是否正确（红灯亮表示开关处于闭合状态，绿灯亮表示开关处于断开状态）；隔离开关、断路器和熔断器等的接点是否牢靠，有无过热变色现象；二次回路线的绝缘有无破损，并用兆欧表测量绝缘电阻。

3.10.3 配电盘上有操作模拟板时，检查模拟板与现场电气设备的运行状态是否一致。

3.10.4 检查仪表和表盘玻璃有无松动，并清扫仪表和电器上的灰尘。

3.11 检查箱式变电站基础坑内有无积水和积土，如果有用水泵、铁锹清理干净，封堵漏水孔。

4 质量标准

4.1 变压器的维护与检修作业参照变压器检修作业标准相关内容进行。

4.2 变压配电装置中，母线和各接点无过热现象，示温蜡片（测温片）状态良好；注油设备的油位正常，油色清澈，无渗漏油现象；开关柜中各电气元件在运行中无异常气味和异常声响；仪表、信号、指示灯等指示正确，继电保护压板位置正确；继电器及直流设备运行良好；接地和接零装置的连接线无松脱和断线；高低压配电室的通风、照明及安全防火装置运转正常。

4.3 手车式开关柜在工作位置时，锁扣装置应准确扣住推进机构的操作杆，动静触头的底面间隔应为（15±3）mm。检查同类小车的互换性；在工作位置时，动静触头接触电阻应小于 100 μΩ，接地触头接触电阻应小于 1 000 μΩ。

4.4 柜体上装置的元件、零部件均应完好无损；柜内所有一次侧导电部分不同相的导体间及带电部分至接地部分之间的距离不小于 300 mm；各连接部分已紧固好，螺纹连接部分无脱牙及松动；柜内元件及绝缘件无受潮、锈蚀等现象；柜体可靠接地，引入线及引出线连接牢固，相序正确；隔离手车轨道紧贴地面，不得悬空；手车室定位机构无损坏、变形，机构板上的销钉、铜套及开口挡圈无脱落，绝缘隔板完好，轨道畅通；上、下隔离开关静触头无歪斜、松动等现象，下触头之中心至地距离应满足

（867±2）mm，上、下触头之中心距应为（750±2）mm；电流互感器二次侧引出线连接牢固，接触良好，线端标志及接线正确无误；仪表、继电器、指示器等的型号规格与有关图纸相符，接线不得松动、脱落。

4.5 手车在柜外应能灵活推动，无卡涩现象；手车后轮的定位销能顺利地插入及拔出，拔出定位销后能灵活回转，插入定位销后能与前轮方向一致；一次侧导电部分不同相的导体之间带电部分至接地部分之间的距离不小于 300 mm。断路器须注入合格的变压器油，油耐压不低于 30 kV（标准杯），油位应在油标线的上、下限位之间，无渗漏油现象；手动对断路器的操动机构进行合分操作，无卡涩现象，辅助开关接点合分可靠，接触良好；机械联锁装置可靠灵活，扳动时无卡阻现象；各个弹簧完好无损；断路器的行程、分合闸速度等机械特性符合要求。

4.6 高压隔离开关操作连杆及各机械部件无损伤、锈蚀；各机件坚固，位置正确，无歪斜、松动、脱落等不正常现象；刀片和刀嘴的消弧角应无烧伤、变形或锈蚀。刀片和刀嘴无脏污、烧伤痕迹，弹簧片、弹簧无折断现象；触头处接触紧密、良好，没有发热现象。分合闸过程无卡涩，触头中心要校准，三相确实同时接触。

4.7 装有动作指示器的熔断器，其指示器应按产品说明书的要求安装，以便于检查熔断器的动作情况。

4.8 避雷器绝缘电阻不小于 1 000 MΩ。

4.9 电流互感器外观清洁，瓷套管和其他绝缘物无裂纹、破损，外壳及二次回路一点接地良好；一次侧引线、线卡及二次回路各连接部分螺丝紧固，接触良好；电流互感器二次回路导线不允许用铝线或截面小于 1.5 mm² 的铜导线，二次回路导线松动处，电流表的三相指示值应在允许范围内；没有噼啪放电声或其他噪声及焦臭味。短路应采用短路片或专用短路线，短路应妥善可靠，禁止采用熔丝或一般导线缠绕。禁止在电流互感器与短路点之间的回路上进行任何工作；工作时必须有人监护，使用绝缘工具，并站在绝缘垫上；作业人员在清扫二次侧导线时，应使用干燥的清扫工具，穿长袖工作服，戴线手套，工作时应将手表等金属物摘下。工作中要认真、谨慎，避免损坏元件或造成二次回路断线，不得将回路的永久接地点断开。

4.10 柜内电气元件干燥、清洁。柜内各电气元件的动作顺序正确、可靠。柜中的开断元件及母线等无温升过高或过烫、冒烟、异常的音响及放电等不正常现象。对断开、闭合次数较多的断路器，应定期检查其主触点表面是否有烧损情况，特别是动作频繁的回路，应经常检查主触点表面，当发现触点严重烧损时，应及时更换；各部位接线应牢靠，所有紧固件无松动现象；抽屉式功能单元的抽出和插入应灵活，无卡阻现象，操作时应注意，抽屉在推入小室以前，应使接触器、断路器等处于分断状态，再将抽屉推到试验位置，插上二次接头，试验操作是否正常。试验后必须使断路器断开，而后推入工作位置。抽屉拉出时，应使接触器、断路器等断开，将抽屉退到试验位置，拔下二次插头，再将抽屉拉出柜外。定期检查抽屉等部分的接地是否安全可靠。

附文：箱式变电站巡视作业标准化流程图

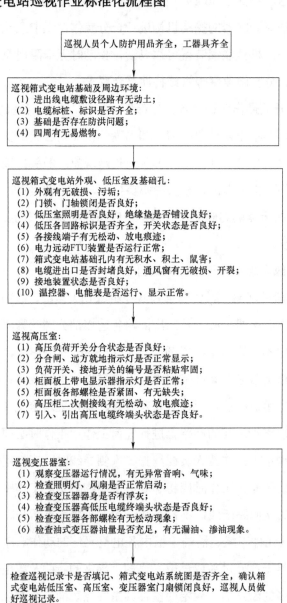

6.14 分支箱检修作业标准

1 准备工作

1.1 安全防护：作业人员正确佩戴和使用个人防护用品；对运行的分支箱进行检修时，涉及计划申报、工作票签发与审核、预想会、停电作业、作业结束等工作环节及安全措施，按《铁路电力管理规则》和《铁路电力安全工作规程》中的有关要求及程序办理。

1.2 人员组织：工作执行人 1 人、操作人 2 人、辅助人 1 人、驻站要令 1 人、验电接地工 4 人。

1.3 工器具材料：

材料要求：规格型号正确、质量合格、数量满足需要。

工器具要求：质量合格、安全可靠、数量及型号满足需要。

材料：砂布、抹布、电力复合脂、凡士林、胶布、毛刷、避雷器、锁、机油壶、铝绑线、铝包带、接线端子、油漆（红、绿、黄、黑、灰）等。

登高工具：脚扣、安全帽、安全带、轻型铝合金梯子等。

通信防护用具：对讲机、标示牌（禁止类、允许类和警告类）、个人保安线、防护服、防护手套等。

绝缘工具：验电器、绝缘操作杆、绝缘拉杆、绝缘手套、三合一地线（含接地针）、绝缘靴。

个人工具：电工钳、扳手、螺丝刀、手锤、小绳及工具包等。

其他工具：定扭矩电扳手、活扳手、套管扳手、内六角扳手、万用表、绝缘电阻表、接地电阻表、欧姆表或测量用电桥、铁锹、压接工具等。

2 安全卡控点

2.1 确认相关线路已停电，并且已做好接地等安全措施后方可进行检修作业。

2.2 检修作业需在现场防护人员的监护下进行。

2.3 涉及电缆的线路，在检修操作前及绝缘测试后需按要求进行充分的放电。

2.4 在开启相关箱盖时，注意各种闭锁关系，不可盲目强力开启各种箱盖。

2.5 各种免维护的接头、插头，按照产品说明书进行检修维护，不可随意拆解。

2.6 送电后必须检查各用户的设备运行是否正常。

3 作业流程

3.1 检查分支箱安装基础，对不符合质量标准的基础进行处理。

3.2 检查分支箱内外构件状态及表面防腐情况，对不符合要求的进行处理。

3.3 检查分支箱内电缆附件（包括户内终端、非屏蔽型可分离连接器或屏蔽型可分离连接器及其专用套管或母排或支撑绝缘子等）状态。

3.4 检查分接箱内所采用的负荷开关或负荷开关加熔断器组合（如果有）状态，各开关的动静触头烧伤面积不得超过该开关触头面积的 20%。

3.5 检查屏蔽型可分离连接器导电屏蔽层及接地状态。

3.6 检查分支箱内接地母线（排）状态，测试接地电阻，并做好记录。

3.7 检查主母线、电缆排列及相位标识，各电缆回路标识清楚，编号正确。按规定测试电缆绝缘电阻，并做好记录。

3.8 检查分支箱附加辅助功能件、避雷器、带电显示器、故障指示器等（如果有）状态，对避雷器进行测试，并做好记录。送电后及日常巡查时，注意观察带电显示器、故障指示器状态。

3.9 对分支箱其他构件进行除锈防锈处理。

3.10 检查相关的警示标牌情况。

4 质量标准

4.1 分支箱安装基础良好，无破损、裂纹，分支箱下电缆井无积水。

4.2 表面防腐良好，无锈蚀；箱体表面涂层无裂纹、起泡、脱落、划伤等现象。

4.3 分支箱内电缆附件表面无积土及其他杂物，电缆附件连接紧固，状态良好，无发热现象，无烧伤放电痕迹，无松动脱落现象；套管及支撑绝缘子状态良好，无烧伤放电痕迹。

4.4 分接箱内电缆仓隔板状态良好，无缺失。

4.5 屏蔽型可分离连接器导电屏蔽层完好，接地良好。

4.6 分支箱内接地母线（排）应与分接箱仓底连接良好，确保金属外屏蔽可靠接地；检修维护接地端，应状态良好，确保检修维护分支箱时有可靠的接地极。

4.7 辅助设备的二次侧连接导线应采用截面不小于 1.5 mm^2 铜芯绝缘线，导线应该用绝缘线槽与主回路隔开。

4.8 10 kV 的高压电缆绝缘电阻不得小于 400 MΩ。

6.15　户外隔离开关检修作业标准

1　准备工作

1.1　安全防护：作业人员正确佩戴和使用个人防护用品；对运行的户外隔离开关进行检修时，涉及计划申报、工作票签发与审核、预想会、停电作业、作业结束等工作环节及安全措施，按《铁路电力管理规则》和《铁路电力安全工作规程》中有关要求及程序进行办理。

1.2　人员组织：工作执行人1人、工作监护人1人、操作人2人、辅助人1人、驻站要令1人、验电接地工4人。

1.3　工器具材料：

材料要求：规格型号正确、质量合格、数量满足需要。

工器具要求：质量合格、安全可靠、数量及型号满足需要。

材料：砂布、抹布、电力复合脂、凡士林、导电膏、胶布、毛刷、避雷器、空气开关、绝缘线、锁、机油壶、铝绑线、铝包带、绝缘子、设备线夹、开口销、M销、油漆（红、绿、黄、黑、灰）、黄油等。

登高工具：脚扣、安全帽、安全带等。

通信防护用具：对讲机、标示牌（禁止类、允许类和警告类）、个人保安线、防护服、防护手套等。

绝缘工具：验电器、绝缘操作杆、绝缘拉杆、绝缘手套、三合一地线（含接地针）、绝缘靴。

个人工具：电工钳、扳手、螺丝刀、手锤、小绳及工具包等。

其他工具：水平尺、塞尺、定扭矩电扳手、活扳手、万用表、绝缘电阻表、接地电阻表、铁锹等。

2　安全卡控点

2.1　操作人员必须听从统一指挥，做好作业现场防护，非施工人员不得进入施工现场。

2.2　确认线路名称、地点、电杆编号、是否已停电并做好安全措施，确认无误后，在工作监护人的监护下方可登杆，以防误登、误操作；五级以上大风或雷雨时，禁止登杆。

2.3 登杆前，检查基础是否牢固、电杆是否有裂纹；在新立电杆上作业前，应将回填土夯实；登冲刷、起土、上拔和导线、拉线松弛的电杆，应采取安全措施。

2.4 登杆作业所用工具及零星材料应装入工具包内，上下传递材料、工具时应该用吊绳，不得抛接，防止高空坠物伤人，现场人员应戴安全帽，杆下严禁行车和无关人员逗留。

2.5 作业人员登杆前，检查脚扣各部位有无断裂、锈蚀现象，并对安全带、登杆工具做冲击试验，确认良好后方可登杆；登杆时，做到"脚踩稳、手扒牢、一步一步慢登高，到达位置第一要，安全带系牢靠"。

2.6 安全带系上后，必须检查扣环是否扣牢。杆上作业转位时，不得失去安全带保护，安全带必须系在牢固的构件或电杆上，不得系在绝缘子、避雷器、导线等不牢固的物件上；在新立电杆上作业时，应防止安全带从杆顶脱出或被锋利物割伤；严禁不系安全带进行高空作业。

2.7 分合开关杆上人员要与地面人员密切配合。调试时，调试人员的手不得抓开关的活动部分，确认后再发出开合口令，防止挤伤。

2.8 下杆前必须检查开关上有无遗留的工具、材料。

3 作业流程

3.1 登杆前检查。

3.2 检查、清扫绝缘子表面，应清洁，无破损、破裂及放电痕迹。

3.3 检查瓷座与铁座黏合部分，无开裂，应牢固。

3.4 检查引线有无松动、断股，铜铝设备线夹应固定可靠，铜与铝的结合部位有无断裂。

3.5 检查托架及附件有无锈蚀、变形，受力应均匀，并除锈涂漆。

3.6 检查动静触头，应平整，无损伤，接触紧密，两侧接触压力应均匀，在触头上涂中性凡士林或导电膏。

3.7 取出主轴上的限止环，上拔瓷座使之与底座脱开，在衬套内涂上黄油后再把主轴插入底座内，拧上限止环。

4 质量标准

4.1 合开关时应灵活，无卡阻现象。

4.2 测量开关在断开位置时，动静触头之间的距离不小于 180 mm，横向角度应保持在 90°±1°。

4.3 三极联动开关合闸的同期性要一致，各相前后误差不得大于 3 mm。

4.4 三极联动开关分合闸不同期时，应调 S 杆的长短，直至同期为止，并拧紧保险帽。

4.5 三极联动开关的开启度应一致，如果不一致，则打开大拉杆，先调限止钉，使之达到 90° 后，再调整大拉杆，直到三个开关分合一致，限止钉与限止档之间的距离为 1～2 mm。

4.6 用 2 500 V 摇表测量绝缘电阻，不得小于 300 MΩ。

4.7 传动管上的插销不得弯曲变形，磨损开关主轴与操作机构成垂直。

4.8 操作机构的安装，距地面不得低于 1.2 m，不得高于 1.5 m。

4.9 操作机构应有可靠接地。

4.10 用接地电阻表摇测接地电阻，不得大于 30 Ω。

4.11 检修结束前，再进行一次分合试验。

6.16 自动分断器的检修作业标准

1 准备工作

1.1 安全防护：作业人员正确佩戴和使用个人防护用品；对运行的自动分断器进行检修时，涉及计划申报、工作票签发与审核、预想会、停电作业、作业结束等工作环节及安全措施，按《铁路电力管理规则》和《铁路电力安全工作规程》中的有关要求及程序办理。

1.2 人员组织：工作执行人 1 人、操作人 2 人、辅助人 1 人、驻站要令 1 人、验电接地工 4 人。

1.3 工器具材料：

材料要求：规格型号正确、质量合格、数量满足需要。

工器具要求：质量合格、安全可靠、数量及型号满足需要。

材料：砂布、抹布、电力复合脂、凡士林、黄油、机油、胶布、毛刷、变压器油、熔断器/丝、避雷器、空气开关、绝缘线、锁、机油壶、铝绑线、铝包带、绝缘子、防潮硅胶、接线端子、设备线夹、开口销、M 销、油漆（红、绿、黄、黑、灰）等。

登高工具：脚扣、安全帽、安全带等。

通信防护用具：对讲机、标示牌（禁止类、允许类和警告类）、个人保安线、防护服、防护手套等。

绝缘工具：验电器、绝缘操作杆、绝缘拉杆、绝缘手套、三合一地线（含接地针）、绝缘靴。

个人工具：电工钳、扳手、螺丝刀、手锤、小绳及工具包等。

其他工具：水平尺、塞尺、定扭矩电扳手、活扳手、万用表、绝缘电阻表、接地电阻表、铁锹、压接工具等。

2 安全卡控点

2.1 操作人员必须听从统一指挥；做好作业现场防护，非施工人员不得进入施工现场。

2.2 确认线路名称、地点、电杆编号、是否已停电并做好安全措施，确认无误后，在监护人的监护下方可登杆，以防误登、误操作；五级以上大风或雷雨时，禁止登杆。

2.3 登杆前，检查基础是否牢固，电杆是否有裂纹；在新立电杆上作业前，应将回填土夯实；登冲刷、起土、上拔和导线、拉线松弛的电杆时，应采取安全措施。

2.4 登杆作业所用工具及零星材料应装入工具包内，上下传递材料、工具，应该用吊绳，不得抛接，防止高空坠物伤人；现场人员应戴安全帽，杆下严禁行车和无关人员逗留。

2.5 作业人员登杆前，检查脚扣各部位有无断裂、锈蚀现象，并对安全带、登杆工具做冲击试验，确认良好后方可登杆；登杆时，做到"脚踩稳、手扒牢、一步一步慢登高，到达位置第一要，安全带系牢靠"。

2.6 安全带系上后，必须检查扣环是否扣牢；杆上作业转位时，不得失去安全带保护，安全带必须系在牢固的构件或电杆上，不得系在绝缘子、避雷器、导线等不牢固的物件上；在新立电杆上作业时，应防止安全带从杆顶脱出或被锋利物割伤；严禁不系安全带进行高空作业。

2.7 分合开关要密切配合，调试人员的手不得抓开关的活动部分，防止挤伤。

2.8 分合闸拐臂上分合标志应清晰，合闸位为红色，分闸位为绿色。

2.9 下杆前必须检查开关上有无遗留的工具、材料。

3 作业流程

3.1 自动分断器的电源变压器检修，参照变压器检修作业标准进行。

3.2 检查绝缘体表面有无裂纹、破损，超过规定值更换。

3.3 开关本体上的螺栓应涂抹黄油，防止锈蚀。

3.4 检查开关引线、设备线夹有无氧化，铜铝接合部有无断裂，更换不良的线夹。

3.5 进行分合闸试验，检查各传动部件有无卡涩，并对各活动部位、活动关节涂抹黄油或加注机油。

3.6 检查顶部轴锁有无变形、卡涩、松动现象；检查开口销是否良好；检查分合闸限位板有无变形、裂纹。

3.7 合闸线圈顶杆处应加注机油，并用手向上拉动顶杆，应活动灵活。

3.8 检查分合闸线圈引线有无松动、氧化。

4 质量标准

4.1 用 500 V 摇表测试开关对地和端口间的绝缘，绝缘电阻应大于 300 MΩ。

4.2 手动断开开关后，动静触头间的距离不得小于 180 mm。

4.3 用表测量分合闸线圈直阻，阻值范围在 5～7 Ω 之间为正常。

4.4 控制箱内配线整齐、清洁，各元件的接头固定牢靠。

6.17　10 kV 高压负荷开关的检修作业标准

1 准备工作

1.1 安全防护：作业人员正确佩戴和使用个人防护用品；对运行的高压负荷开关进行检修时，涉及计划申报、工作票签发与审核、预想会、停电作业、作业结束等工作环节及安全措施，按《铁路电力管理规则》和《铁路电力安全工作规程》中的有关要求及程序办理。

1.2 人员组织：工作执行人 1 人、工作监护人 1 人、操作工 2 人、辅助 1 人、验电接地工 4 人。

1.3 工器具材料：

材料要求：规格型号正确、质量合格、数量满足需要。

工器具要求：质量合格、安全可靠、数量及型号满足需要。

材料：砂布、抹布、电力复合脂、凡士林、机油、胶布、毛刷、绝缘线、锁、机油壶、铝绑线、铝包带、设备线夹、开口销、M销、油漆（红、绿、黄、黑、灰）等。

登高工具：人字梯、安全帽、安全带等。

通信防护用具：对讲机、标示牌（禁止类、允许类和警告类）、个人保安线、防护服、防护手套等。

绝缘工具：验电器、绝缘操作杆、绝缘拉杆、绝缘手套、三合一地线（含接地针）、绝缘靴。

个人工具：电工钳、扳手、螺丝刀、手锤、小绳及工具包等。

其他工具：水平尺、塞尺、定扭矩电扳手、活扳手、万用表、绝缘电阻表、接地电阻表、铁锹等。

2 安全卡控点

2.1 操作人员必须听从统一指挥；做好作业现场防护，非施工人员不得进入施工现场。

2.2 确认线路名称、地点、杆号、是否已停电并做好安全措施，确认无误后，在工作监护人的监护下方可登杆，以防误登、误操作；五级以上大风或雷雨时，禁止登杆。

2.3 登杆前，检查基础是否牢固、电杆是否有裂纹；在新立电杆上作业前，应将回填土夯实；登冲刷、起土、上拔和导线、拉线松弛的电杆时，应采取安全措施。

2.4 高空作业所用工具及零星材料应装入工具包内，上下传递材料、工具时，应该用吊绳，不得抛接，防止高空坠物伤人，现场人员应戴安全帽，杆下严禁行车和无关人员逗留。

2.5 作业人员登杆前，检查脚扣各部位有无断裂、锈蚀现象，并对安全带、登杆工具做冲击试验，确认良好后方可登杆；登杆时，做到"脚踩稳、手扒牢、一步一步慢登高，到达位置第一要，安全带系牢靠"。

2.6 安全带系上后，必须检查扣环是否扣牢；高空作业转位时，不得失去安全带保护；安全带必须系在牢固的构件或电杆上，不得系在绝缘子、避雷器、导线等不牢固的物件上；严禁不系安全带进行高空作业。

2.7 分合开关要密切配合，调试人员的手不得抓开关的活动部分，防止挤伤。

3 作业流程

3.1 检查开关底座固定是否牢靠。

3.2 检查绝缘部分有无裂纹、烧伤。

3.3 检查动静触头有无烧损。

3.4 检查开关是否灵活，有无卡阻现象。

3.5 检查分合闸同期性。

3.6 传动杆轴及各活动关节应注机油。

3.7 操作机构应固定牢靠，操作灵活。

3.8 清洁尘土，除锈，涂刷防锈漆。

4 质量标准

4.1 动静触头分开角度不得低于 87°。动静触头分开时，动静触头间的距离不小于 180 mm；动静触头闭合后，静触头外露不小于 3 mm。

4.2 用 2 500 V 摇表摇测绝缘部分的绝缘电阻，电阻值不小于 300 MΩ。

4.3 检查开关分合的同期性，误差不大于 3 mm。

4.4 分合闸拐臂上分合标志应清晰，合闸位为红色，分闸位为绿色。

4.5 测量角度及触头距离，应在不加外力的情况进行。

6.18 10 kV 电缆热缩终端头制作安装作业标准

1 准备工作

1.1 安全防护：作业人员正确佩戴和使用个人防护用品；对运行的电缆进行热缩终端头制作安装作业时，涉及计划申报、工作票签发与审核、预想会、停电作业、作业结束等工作环节及安全措施，按《铁路电力管理规则》和《铁路电力安全工作规程》中的有关要求及程序办理；新建线路作业时，注意与相邻带电线路的距离，并做好现场防护。

1.2 人员组织：工作执行人 1 人、工作监护人 1 人、操作人 2 人、辅助人 1 人、验电接地工 4 人。

1.3 工器具材料：

材料要求：规格型号正确、质量合格、数量满足需要。

工器具要求：质量合格、安全可靠、数量及型号满足需要。

材料：热缩终端头及附件、接线端子、焊锡、焊膏、硅脂膏、电力复合脂、凡士林、抹布、汽油、镀锌钢管、固定电缆抱箍、电工胶带（黄、绿、红、黑四色）等。

登高工具：脚扣、安全帽、安全带等。

通信防护用具：对讲机、标示牌（禁止类、允许类和警告类）、个人保安线、防护服、防护手套等。

绝缘工具：验电器、绝缘操作杆、绝缘拉杆、绝缘手套、三合一地线（含接地针）、绝缘靴。

个人工具：电工钳、扳手、螺丝刀、手锤、小绳及工具包等。

起重牵引工具：开口滑轮、绳索等。

其他工具：绝缘电阻表、5 000 V 兆欧表、钢锯弓、扁锉、烤枪、电工刀、电缆剪、电缆剥削器、铁锹、铁镐、压接工具等。

2　安全卡控点

2.1　确认线路名称、地点、电杆编号、是否已停电并做好安全措施，确认无误后，在工作监护人的监护下方可登杆，以防误登、误操作；五级以上大风或雷雨时，禁止登杆。

2.2　登杆前，检查基础是否牢固，电杆是否有裂纹；在新立电杆上作业前，应将回填土夯实；登冲刷、起土、上拔和导线、拉线松弛的电杆，应采取安全措施。

2.3　登杆作业所用工具及零星材料应装入工具包内，上下传递材料、工具时，应该用吊绳，不得抛接，防止高空坠物伤人，现场人员应戴安全帽，杆下严禁行车和无关人员逗留。

2.4　作业人员登杆前，检查脚扣各部位有无断裂、锈蚀现象，并对安全带、登杆工具做冲击试验，确认良好后方可登杆；登杆时做到"脚踩稳、手扒牢、一步一步慢登高，到达位置第一要，安全带系牢靠"。

2.5　安全带系上后，必须检查扣环是否扣牢。杆上作业转位时，不得失去安全带保护，安全带必须系在牢固的构件或电杆上，不得系在绝缘子、避雷器、导线等不牢固的物件上；在新立电杆上作业时，应防止安全带从杆顶脱出或被锋利物割伤；严禁不系安全带进行高空作业。

2.6　应在工作地点将电缆金属导体充分放电。

2.7　加工电缆各层时应戴手套。工作时，刀口不要向着别人，并提醒旁人注意。

2.8　终端头做好后，要进行耐压试验，合格后方可投入使用。

2.9　试验合格后的终端头与线路连接时，应注意相序正确，并在送电后进行高低压核相，确认相位正确后方可通知用户使用。

3 作业流程

3.1 摇测电缆绝缘及放电。

3.2 剥去护套及钢铠。

3.3 剥内护层，分芯线。

3.4 焊接地线。

3.5 包绕填充胶和密封胶。

3.6 固定三芯分支套。

3.7 剥铜屏蔽层、半导体层、缠绕应力疏散胶。

3.8 固定应力管、压接端子。

3.9 包绝缘密封胶。

3.10 定绝缘管。

3.11 定密封管和相色管。

3.12 （户外头）固定伞裙。

3.13 试验。

3.14 安装电缆终端，恢复现场。

4 质量标准

4.1 电缆绝缘电阻测试合格后，对摇测的电缆充分放电。

4.2 电缆校直锯齐，用支架或人工将电缆垂直固定，剥除 800 mm 电缆外护套。由外护层断口向上留 30 mm 钢铠，缠绕绑线固定后，剥除其余钢铠。

4.3 由钢铠断口向上留 30 mm 内护层，剥除其余内护层。分开三相芯线，切掉填充物。

4.4 接地线时，用砂纸或钢锉将钢铠焊地线区打光，将地线分别焊在铜屏蔽带和钢铠上（钢铠接地与铜屏蔽层接地应绝缘）。

4.5 绕填充胶和密封胶时，在三叉根部包绕填充胶，形似橄榄，最大直径大于电缆外径约 15 mm，钢铠焊地线区应包在填充胶内。清洁外护套切口处后，缠绕密封胶。

4.6 将三芯分支套套入三叉根部，往下压紧，由分支套根部向两端加热固定。

4.7 从分支套指端向上留取 30 mm 铜屏蔽层，其余剥除；再向上留取 30 mm 半导体层，其余剥除；清理绝缘表面残留的半导体碎颗粒。将应力疏散胶拉薄，缠绕在半导体层和绝缘层交接处，把其余斜坡填平，各搭接 5～10 mm。

4.8　将应力控制管套入各相，搭接 20 mm 铜屏蔽，加热固定；在芯线端部剥去绝缘层，剥去长度为端子孔深加 5 mm，端部削成"铅笔头"状接端子。

4.9　三芯支套指端包密封胶，用密封胶填平金属端子压接处和线芯绝缘连接处，密封胶应搭接端子和线芯绝缘各 10 mm。

4.10　绝缘层表面涂硅脂膏，将绝缘管套至三叉根部，从下往上加热固定。

4.11　将密封管套在端子接管部位，加热固定。将相色管分别套在相应芯线上，加热固定。

4.12　三孔伞裙套入，在距三岔口 100 mm 处加热固定；再依次套入单孔伞裙，每相两个，间距约为 150 mm，加热固定。

4.13　进行主绝缘的绝缘电阻和交流耐压试验，采用 5 000 V 兆欧表进行主绝缘的绝缘电阻试验。

4.14　装固定电缆抱箍；将试验合格的电缆固定在杆上，将多余的电缆在杆下盘圈埋设，埋深不低于 0.8 m，固定镀锌钢管，钢管埋入地下不低于 0.2 m；将终端头与架空线路相连，两接线端子接触面应打磨并涂电力复合脂，连接螺栓上涂凡士林；安装埋设各类标识；清理现场，保证现场无遗留物，达到工完、场清、料净；拆除安全措施。

6.19　10 kV 电缆冷缩终端头制作安装作业标准

1　准备工作

1.1　安全防护：作业人员正确佩戴和使用个人防护用品；对运行的电缆进行冷缩终端头制作安装作业时，涉及计划申报、工作票签发与审核、预想会、停电作业、作业结束等工作环节及安全措施，按《铁路电力管理规则》和《铁路电力安全工作规程》中的有关要求及程序办理；新建线路作业时，注意与相邻带电线路的距离，并做好现场防护。

1.2　人员组织：工作执行人 1 人、操作人 2 人、辅助人 1 人、验电接地工 4 人。

1.3　工器具材料：

材料要求：规格型号正确、质量合格、数量满足需要。

工器具要求：质量合格、安全可靠、数量及型号满足需要。

材料：冷缩终端头及附件、铜线耳、接线端子、焊锡、焊膏、电力复合脂、凡士林、抹布、镀锌钢管、固定电缆抱箍、电工胶带（黄、绿、红、黑四色）、清洗剂、硅脂等。

登高工具：脚扣、安全帽、安全带等。

通信防护用具：对讲机、标示牌（禁止类、允许类和警告类）、个人保安线、防护服、防护手套等。

绝缘工具：验电器、绝缘操作杆、绝缘拉杆、绝缘手套、三合一地线（含接地针）、绝缘靴。

个人工具：电工钳、扳手、螺丝刀、手锤、小绳及工具包等。

起重牵引工具：开口滑轮、绳索等。

其他工具：绝缘电阻表、5 000 V兆欧表、恒力弹簧、钢锯弓、扁锉、电工刀、电缆剪、电缆剥削器、铁锹、铁镐、压接工具等。

2　安全卡控点

2.1　确认杆号及相关线路已停电，并且已做好接地等安全措施后，方可进行作业。

2.2　作业需在现场防护人员的监护下进行。

2.3　登杆作业前，确认所登杆状态良好；检修作业前，先将所有的受力紧固件紧固一遍。

2.4　应在工作地点将电缆金属导体充分放电。

2.5　加工电缆各层时应戴防护手套。工作时，刀口不要向着别人，并提醒旁人注意。

2.6　终端头做好后，要进行耐压试验，合格后方可投入使用。

2.7　试验合格后的终端头与线路连接时，应注意相序正确，并在送电后进行高低压核相，确认相位正确后方可通知用户使用。

3　作业流程

3.1　摇测电缆绝缘及放电。

3.2　开剥电缆。

3.3　装接地线。

3.4　绕PVC带。

3.5　套冷缩三叉手套。

3.6　套冷缩直管。

3.7　做标识（相色带）。

3.8 装接线端子。

3.9 试验。

3.10 装电缆终端、恢复现场。

4 工艺及质量标准

4.1 电缆绝缘电阻测试合格后,对摇测的电缆充分放电。

4.2 将电缆置于终端位置,在终端 1 m 范围内将电缆护套擦洗干净;剥除电缆外护套。按照尺寸要求剥切电缆外套、铠装及衬垫层（$A+B$，A 为 540~660 mm，B 为接线端子孔深+5 mm），衬垫层留 10 mm；再往下剥切 25 mm 的护套,露出铠装,并擦洗剥切区往下 50 mm 长护套表面的污垢。锯痕深度为 2/3 钢铠厚度,用螺丝刀将缺口挑起,用电工钳钳住缺口卷动,撕开钢带。用钳子打平钢带断口,在护套口往下 25 mm 处包绕两层电工绝缘带;在顶部包绕 PVC 带,将铜屏蔽带固定。

4.3 在护套口往上 90 mm 的铜带上分别装上接地铜环,将三条铜编织线一起搭在钢铠上;用恒力弹簧将接地线三条铜带一起固定在钢铠上。

4.4 在三个接地铜环上包绕 PVC 带;用 PVC 带将钢铠、恒力弹簧及衬垫层全部包绕覆盖;将接地线贴放在护口下方的绝缘带上,然后包绕电工绝缘带,将接地线夹在中间,形成防水口。

4.5 将冷缩三叉手套放到电缆根部,逆时针抽掉芯绳,先收缩颈部,然后分别收缩三叉;用 PVC 带将地线固定在电缆上。

4.6 套入冷缩直管,与三叉手指搭接 15 mm,逆时针抽掉芯绳,使其收缩。

4.7 在缩式套管上往上留 45 mm 的铜屏蔽带,其余的全部切除;铜屏蔽带往上留 5 mm 的半导体层,其余的全部剥除;按接管深度 +10 mm 切除顶部绝缘;在套管往下 40 mm 处包绕 PVC 带做标识。

4.8 接接线端子,锉平打光毛刺,并且清洗干净;用清洗剂将主绝缘清洗干净;在半导电体与主绝缘的搭接处涂上硅脂,将剩余硅脂涂在主绝缘表面;套入冷缩式终端,定位于 PVC 标识处。逆时针抽掉芯绳,使终端固定收缩;用绝缘带填平接线端子与主绝缘之间的空隙。然后,从绝缘管开始,半叠式包绕硅橡胶带一个来回至接线端子上。当接线端子的宽度大于冷缩终端的直径时,应先安装终端,后压接线端子。

4.9 进行主绝缘的绝缘电阻和交流耐压试验,采用 5 000 V 兆欧表进行主绝缘的绝缘电阻试验。

4.10 安装固定电缆抱箍;将试验合格的电缆固定在杆上,将多余的电缆在杆下盘圈埋设，埋深不低于 0.8 m，固定镀锌钢管，钢管埋入地下不低于 0.2 m；将终端头与架空线路相连，两接线端子接触面应打磨并涂电力复合脂，连接螺栓上涂凡士林；安装埋设各类标识；清理现场，保证现场无遗留物，达到工完、场清、料净；拆除安全措施。

6.20 10 kV 电缆热缩中间接头制作作业标准

1 准备工作

1.1 安全防护：作业人员正确佩戴和使用个人防护用品；对运行的电缆制作热缩中间接头作业时，涉及计划申报、工作票签发与审核、预想会、停电作业、作业结束等工作环节及安全措施，按《铁路电力管理规则》和《铁路电力安全工作规程》中的有关要求及程序办理。

1.2 人员组织：工作执行人 1 人、工作监护人 1 人、操作人 2 人、辅助人 1 人、驻站要令 1 人、验电接地工 4 人。

1.3 工器具材料：

材料要求：规格型号正确、质量合格、数量满足需要。

工器具要求：质量合格、安全可靠、数量及型号满足需要。

材料：热缩中间接头及附件、接线端子、焊锡、焊膏、硅脂膏、抹布、汽油、镀锌钢管、电工胶带（黄、绿、红、黑四色）、自粘带等。

登高工具：脚扣、安全帽、安全带等。

通信防护用具：对讲机、标示牌（禁止类、允许类和警告类）、个人保安线、防护服、防护手套等。

绝缘工具：验电器、绝缘操作杆、绝缘拉杆、绝缘手套、三合一地线（含接地针）、绝缘靴。

个人工具：电工钳、扳手、螺丝刀、手锤、小绳及工具包等。

其他工具：绝缘电阻表、5 000 V 兆欧表、钢锯弓、扁锉、烤枪、电工刀、电缆剪、电缆剥削器、铁锹、铁镐、压接工具等。

2 安全卡控点

2.1 确认线路名称、地点、电杆编号、是否已停电并做好安全措施，确认无误后，在工作监护人的监护下方可登杆，以防误登、误操作；五级以上大风或雷雨时，禁止登杆。

2.2 登杆前，检查基础是否牢固，电杆是否有裂纹；在新立电杆上作业前，应将回填土夯实；登冲刷、起土、上拔和导线、拉线松弛的电杆时，应采取安全措施。

2.3 登杆作业所用工具及零星材料应装入工具包内，上下传递材料、工具时应该用吊绳，不得抛接，防止高空坠物伤人，现场人员应戴安全帽，杆下严禁行车和无关人员逗留。

2.4 作业人员登杆前，检查脚扣各部位有无断裂、锈蚀现象，并对安全带、登杆工具做冲击试验，确认良好后方可登杆；登杆时，做到"脚踩稳、手扒牢、一步一步慢登高，到达位置第一要，安全带系牢靠"。

2.5 安全带系上后，必须检查扣环是否扣牢。杆上作业转位时，不得失去安全带保护，安全带必须系在牢固的构件或电杆上，不得系在绝缘子、避雷器、导线等不牢固的物件上；在新立电杆上作业时，应防止安全带从杆顶脱出或被锋利物割伤；严禁不系安全带进行高空作业。

2.6 对运行电缆制作中间接头时，先停电，停电后还必须确认停电的电缆是要制作中间接头的电缆，防止误动运行中带电的其他电缆，在做好接地等安全措施后方可进行作业。

2.7 作业前，应在工作地点将电缆金属导体充分放电。

2.8 加工电缆各层时应戴防护手套；工作时，刀口不要向着别人，并提醒旁人注意。

2.9 制作中间接头时，应注意相序正确。

2.10 中间接头做好后，要进行耐压试验，合格后方可投入使用。

2.11 送电后，应进行高低压核相，确认相位正确后方可通知用户使用。

3 作业流程

3.1 认电缆。

3.2 摇测电缆绝缘及放电。

3.3 在需要做接头处锯开电缆并搭接（新电缆接续时，先进行绝缘电阻测试，合格后可直接搭接）。

3.4 电缆剥去护套及钢铠，剥去内护层，清除绝缘体表面半导电物质。

3.5 缠绕应力疏散胶，套入固定应力管，搭接铜屏蔽层。

3.6 芯线接续处理：削绝缘体成锥体（俗称削"铅笔头"），两端套入各种护套、护管。

3.7　接接续管并填充。

3.8　清洁绝缘表面，加热固定内绝缘管、外绝缘管套。

3.9　包绕密封胶，加热固定半导体管。

3.10　套好铜屏蔽网，扎紧三相线芯。

3.11　热固定内护套管。

3.12　焊接地线，加热固定外护套。

3.13　试验。

3.14　埋中间接头，恢复现场，高压核相。

4　质量标准

4.1　一段电缆的厂家、型号是相同的，并且米标沿电缆连续，根据这三个要素，将需要做接头的电缆与已停电电缆能确认的一端核对，必须确保三个要素全能吻合，方可进行作业。

4.2　电缆绝缘电阻测试合格后，对摇测的电缆充分放电。

4.3　电缆拉直平放并重叠 200～300 mm，在重叠中心处将电缆锯开，两端对正，在两端电缆上镀锌钢管。

4.4　按照一定长度剥去电缆外护层（长端 890 mm，短端 490 mm），在距外护层断口约 30 mm 处的铠装上缠绕绑扎线固定后，剥除其余钢带，保留 20 mm 内护层，剥去其余内护层。切除填充物。两端芯线各量 300 mm，切铜屏蔽带，断口用自粘带固定；保留 200 mm 半导体层，剥除其余半导体层。清除绝缘体表面半导电物质。

4.5　将应力疏散胶拉薄，绕在半导体层和绝缘层交界处，各搭接 5～10 mm 并填平。用硅脂膏涂抹绝缘层表面，去掉铜屏蔽层上自粘带。在两条电缆的套入应力管上搭接铜屏蔽层 20 mm，加热固定。

4.6　在芯线端部切除绝缘体，切除长度为电缆连接管长度的二分之一加 5 mm，并将绝缘体削成 30 mm 长的锥体。剥切长度较长一端套入内、外护套管，各相线芯分别依次套入铜网、半导体管、内绝缘管、外绝缘管，同时在剥切长度较短的一端也套上内、外护套管。

4.7　套上连接管，通过色相带确认相位正确后，每端连接管各压 3 次，用锉刀及砂布打磨表面压痕。用清洁纸蘸酒精擦净连接管表面及绝缘层表面。在连接管表面搭绕半导包带至"铅笔头"内半导层上，其余凹陷部分用一般填充胶填平。在绝缘层表面薄薄涂抹一层硅脂膏。

4.8　用酒精擦去绝缘表面杂质后，将内绝缘管套在两端应力管之间，一端搭接铜屏蔽层 10 mm，由中间向两端加热收缩固定。将绝缘管套在距内绝缘管端头 135 mm 处，加热收缩固定。

4.9　在内绝缘管两端台阶处包绕密封胶，使台阶平滑过渡。拉出半导体管，两端各搭接铜屏蔽层 30～50 mm，依次由两端向中间搭接，加热固定。

4.10　将封胶绕包在电缆铜屏蔽与收缩好的半导电管末端，并填平此间隙。拉开铜屏蔽网，将其两端绑扎并焊接在电缆两端的铜屏蔽上，用 PVC 带或绝缘带扎紧三相线芯。

4.11　将两个内护套管分别搭在两端电缆内护层上，从端部向中间加热固定，使它们在中部搭接。

4.12　两端钢铠用 25 mm^2 铜软接地线连接并焊牢（也可以用卡子固定）。将两根外护套管拉出，两端搭接在电缆的外护套上 150 mm，从端部向中间加热固定，别一根也同样固定（注意，两管必须搭接 20 mm）。

4.13　进行主绝缘的绝缘电阻和交流耐压试验，采用 5 000 V 兆欧表进行主绝缘的绝缘电阻试验。

4.14　将镀锌钢管拉至接头位置，防护中间接头，填埋中间接头，埋深不低于 0.8 m，并设置相关标识；送电后进行高低压核相，确认相位正确后方可通知用户使用。

6.21　10 kV 电缆冷缩中间接头制作作业标准

1　准备工作

1.1　安全防护：作业人员正确佩戴和使用个人防护用品；对运行的电缆制作冷缩中间接头作业时，涉及计划申报、工作票签发与审核、预想会、停电作业、作业结束等工作环节及安全措施，按《铁路电力管理规则》和《铁路电力安全工作规程》中的有关要求及程序办理；新建线路作业时，注意与相邻带电线路的距离，并做好现场防护。

1.2　人员组织：工作执行人 1 人、工作监护人 1 人、操作人 2 人、辅助人 1 人、验电接地工 4 人。

1.3　工器具材料：

材料要求：规格型号正确、质量合格、数量满足需要。

工器具要求：质量合格、安全可靠、数量及型号满足需要。

材料：冷缩中间接头及附件、接线端子、焊锡、焊膏、抹布、镀锌钢管、电工胶带（黄、绿、红、黑四色）、防水带等。

登高工具：脚扣、安全帽、安全带等。

通信防护用具：对讲机、标示牌（禁止类、允许类和警告类）、个人保安线、防护服、防护手套等。

绝缘工具：验电器、绝缘操作杆、绝缘拉杆、绝缘手套、三合一地线（含接地针）、绝缘靴。

个人工具：电工钳、扳手、螺丝刀、手锤、小绳及工具包等。

其他工具：绝缘电阻表、5 000 V 兆欧表、钢锯弓、扁锉、电工刀、电缆剪、电缆剥削器、铁锹、铁镐、压接工具等。

2 安全卡控点

2.1 确认线路名称、地点、电杆编号、是否已停电并做好安全措施，确认无误后，在工作监护人的监护下方可登杆，以防误登、误操作；五级以上大风或雷雨时，禁止登杆。

2.2 登杆前，检查基础是否牢固，电杆是否有裂纹；在新立电杆上作业前，应将回填土夯实；登冲刷、起土、上拔和导线、拉线松弛的电杆时，应采取安全措施。

2.3 登杆作业所用工具及零星材料应装入工具包内，上下传递材料、工具应该用吊绳，不得抛接，防止高空坠物伤人，现场人员应戴安全帽，杆下严禁行车和无关人员逗留。

2.4 作业人员登杆前，检查脚扣各部位有无断裂、锈蚀现象，并对安全带、登杆工具做冲击试验，确认良好后方可登杆；登杆时做到"脚踩稳、手扒牢、一步一步慢登高，到达位置第一要，安全带系牢靠"。

2.5 安全带系上后，必须检查扣环是否扣牢。杆上作业转位时，不得失去安全带保护，安全带必须系在牢固的构件或电杆上，不得系在绝缘子、避雷器、导线等不牢固的物件上；在新立电杆上作业时，应防止安全带从杆顶脱出或被锋利物割伤；严禁不系安全带进行高空作业。

2.6 对运行电缆制作中间接头时，先停电，停电后还必须确认停电的电缆是要制作中间接头的电缆，防止误动运行中带电的其他电缆，在做好接地等安全措施后方可进行作业。

2.7 作业前，先应在工作地点将电缆金属导体充分放电。

2.8 加工电缆各层时应戴防护手套；工作时，刀口不要向着别人，并提醒旁人注意。

2.9 制作中间接头时，应注意相序正确。

2.10 中间接头做好后，要进行耐压试验，合格后方可投入使用。

2.11 送电后，须进行高低压核相，确认相位正确后方可通知用户使用。

3 作业流程

3.1 认电缆。

3.2 测电缆绝缘及放电。

3.3 在需要做接头处锯开电缆并搭接（新电缆接续时，绝缘电阻测试合格后可直接搭接）。

3.4 开剥电缆。为防止钢铠松散，割除外护层时在端部留出 200 mm 的外护层，应保证断口平整，入刀力度合适，使用专门工具进行打磨。

3.5 绕半导电胶带。用砂纸打磨掉残留在主绝缘上的半导体时，只能用不导电的氧化铝砂纸进行打磨。

3.6 装冷缩接头主体。冷缩接头必须安置于剥切长度较长的一端。压接管时，不要压接管中心，只能用混合剂，不能用硅脂膏。

3.7 装铜编织网。注意检查恒力弹簧是否固定牢固。检查半导电胶带包覆是否完全、紧密。

3.8 绕防水带。防水带包覆应完全、紧密。

3.9 装铠装接地线及编织线，注意检查恒力弹簧是否固定牢固，防水密封要符合厂家说明书要求。

3.10 装甲带，为得到最佳效果，30 min 内不得移动电缆。

3.11 试验。

3.12 埋中间接头，恢复现场，高压核相，恢复现场。

4 质量标准

4.1 一段电缆的厂家、型号是相同的，并且米标沿电缆连续，根据这三个要素，将要做接头的电缆和已停电电缆能确认的一端核对，确保三个要素全部吻合后方可进行作业。

4.2 电缆绝缘电阻测试合格后，对摇测的电缆充分放电。

4.3 将电缆拉直平放并重叠 200～300 mm，在重叠中心处将电缆锯开，两端对正，在两端电缆上镀锌钢管。

4.4　按照所选用的中间接头附件安装图纸的工艺要求制作接头。以下简述基本步骤，具体尺寸应以图纸要求为准。

4.4.1　分别擦洗干净电缆两端 1 m 范围内的电缆护套。

4.4.2　剥除电缆外护套。按照安装图纸要求尺寸剥切电缆。

4.4.3　均匀刮除绝缘屏蔽，露出绝缘体层。

4.4.4　剥除绝缘，露出线芯，打磨绝缘表面直至光滑。锯痕深度为 2/3 钢铠厚度，用螺丝刀将缺口挑起，用电工钳钳住缺口卷动，撕开钢带，用电工钳打平钢带断口。

4.5　按厂家安装图清洗主绝缘。半叠式来回包绕半导电胶带，从铜屏蔽带上 40 mm 处开始，包至 10 mm 处的外半导体层上，包绕端口应十分平整。用清洗剂清洗电缆主绝缘，勿使溶剂触及半导体屏蔽层。用砂纸打磨掉残留在主绝缘上的半导体，但不能使打磨后的主绝缘外径小于接头选用范围。在进行下一步前，主绝缘表面必须保持干燥，必要时用干净不起毛软布进行擦拭。

4.6　按厂家安装图安装冷缩接头主体，从剥切长度较长的一端电缆装入冷缩头主体，在剥切长度较短一端套入铜屏蔽编织网。按厂家图示要求装上铜连接管并压接。压接后应对接管表面锉平、打光滑，并清洗干净。将混合剂抹在半导体与主绝缘交界处，然后将其余剂料均匀涂在主绝缘表面上。对准半导电胶带的边缘将接头主体定位。逆时针抽掉芯绳，使冷缩套管收缩。安装时，注意对准半导电橡胶带，然后按其步骤做第二、三接头（三芯）。

4.7　在装好的接头主体外部套上铜编织网。用 PVC 胶带将铜编织网套绑在接头主体上。用两只恒力弹簧将铜编织网套固定在电缆铜屏蔽带上。将铜编织网套的两端修整齐，在恒力弹簧前各保留 10 mm。半叠式包绕两层半导电胶带，将恒力弹簧包绕覆盖。用同样的方法完成另外两相安装。

4.8　用 PVC 带将三芯电缆绑扎在一起。包绕一层防水带，涂有胶粘剂的一面朝外，将电缆衬垫包绕覆盖。

4.9　在编织线两端各 80 mm 的范围内将编织线展开。将编织线展开的部分贴附在防水胶带上和钢铠上，并与电缆外护套搭接 20 mm。用恒力弹簧将编织线的一端固定在钢铠上，将搭接在外护套上的部分折回来后，二者一起固定在钢铠上。编织线另一端也用同样方法处理。半叠式包绕两层橡胶绝缘带，将恒力弹簧连同铠装一起包覆盖牢固。用防水带作接头的防水密封，在一端护套上从距离 60 mm 处开始半叠式包绕，包至另一端护套上 60 mm 处。

4.10　为得到整齐的外形，可先用防水胶带填平两边的下陷处。在整个接头处包装甲带，以完成整体安装。从一端电缆护套上 60 mm 防水带开始，半叠式包绕装甲带到对面另一端的 60 mm 防水带上。

4.11　进行主绝缘的绝缘电阻和交流耐压试验，采用 5 000 V 兆欧表进行主绝缘的绝缘电阻试验。

4.12　将镀锌钢管拉至接头位置，防护中间接头，填埋中间接头，埋深不低于 0.8 m，并设置相关标识；送电后进行高低压核相，确认相位正确后方可通知用户使用；清理现场，保证现场无遗留物，达到工完、场清、料净。

6.22　四芯电缆热缩终端头制作安装作业标准

1　准备工作

1.1　安全防护：作业人员正确佩戴和使用个人防护用品；制作 0.6/1 kV（及以下电压等级）四芯电缆热缩终端头时可不开工作票，但停送电需要按口头或电话命令执行，并做好记录；新建线路作业时，注意与相邻带电线路的距离，并做好现场防护。

1.2　人员组织：工作执行人 1 人、操作人 2 人、辅助人 2 人。

1.3　工器具材料：

材料要求：规格型号正确、质量合格、数量满足需要。

工器具要求：质量合格、安全可靠、数量及型号满足需要。

材料：热缩终端头及附件、接线端子、焊锡、焊膏、抹布、汽油、镀锌钢管、固定电缆抱箍、电工胶带（黄、绿、红、黑四色）等。

登高工具：脚扣、安全帽、安全带等。

通信防护用具：对讲机、标示牌（禁止类、允许类和警告类）、个人保安线、防护服、防护手套等。

绝缘工具：验电器、绝缘操作杆、绝缘拉杆、绝缘手套、三合一地线（含接地针）、绝缘靴。

个人工具：电工钳、扳手、螺丝刀、手锤、小绳及工具包等。

起重牵引工具：开口滑轮、绳索等。

其他工具：绝缘电阻表、摇表、钢锯弓、扁锉、烤枪、电工刀、电缆刀、铁锹、铁镐、压接工具等。

2　安全卡控点

2.1　确认杆号及相关线路已停电，停电线路与运行线路应有明显的断口。

2.2　作业需在现场防护人员的监护下进行。

2.3　登杆作业前，确认所登杆状态良好；检修作业前，先对所有的受力紧固件紧固一遍。

2.4　高压带电区域内部分停电工作时，人体与带电部分必须保持安全距离，并应有人监护。

2.5　在配电室内外高压部分及线路工作时，应按顺序进行。停电、验电悬挂地线，操作手柄应上锁或挂标示牌。

2.6　验电时，必须戴绝缘手套。选用电压等级的验电器。在设备两侧各相或线路各相分别验电。验明设备或线路确实无电后，将检修设备或线路做短路接地。

2.7　加工电缆各层时应戴防护手套。工作时，刀口不要向着别人，并提醒旁人注意。

2.8　用电缆刀或电工刀剥电缆皮时，不宜用力过大，最好电缆绝缘外皮不完全切透，里层电缆皮应撕下，防止损伤芯线。

2.9　终端头做好后，要进行耐压试验，合格后方可投入使用。

2.10　试验合格后的终端头与线路连接时，应注意相序正确，并在送电后进行核相，确认相位正确后方可通知用户使用。

3　作业流程

3.1　摇测电缆绝缘及放电。

3.2　剥去护套及钢铠。

3.3　剥内护层，分芯线。

3.4　焊接地线。

3.5　绕填充胶和密封胶。

3.6　固定四芯支套。

3.7　接端子。

3.8　包绝缘密封胶。

3.9　固定绝缘管。

3.10　固定密封管和相色管。

3.11 试验。

3.12 装电缆终端，恢复现场。

4 质量标准

4.1 用 1 000 V 摇表对电缆进行摇测，绝缘电阻应在 10 MΩ 以上。电缆摇测完毕后，应将芯线分别对地放电。

4.2 用支架或人工将电缆垂直固定，剥除 800 mm 电缆外护套。由外护层断口向上留 30 mm 钢铠，缠绕绑线固定后，剥除其余钢铠。

4.3 钢铠断口向上保留 20 mm 内护层，其余剥除，分开芯线，切掉填充物。

4.4 接地线：用砂纸或钢锉将钢铠焊地线区打光，将地线焊在钢铠上或用 ϕ1.5 mm 铜丝把地线绑扎在钢铠上，绑扎长度为 20 mm。

4.5 充胶填平钢铠断口处，将钢铠焊地线区包在填充胶内。密封胶缠绕在外护套断口处。

4.6 四芯支套套入四叉根部，往下压紧，由中间向两端加热固定。

4.7 在芯线端部剥去绝缘层，长度为端子孔深度 +5 mm。按规定压接端子。

4.8 在四芯支套指端包密封胶，用密封胶填平金属端压接处，线芯端子和线芯绝缘各包裹 10 mm。

4.9 绝缘层表面涂硅脂膏，将绝缘管套在四叉根部，从下往上加热固定。

4.10 固定密封管和相色管：将密封管套入接线端子外，加热固定。将相色管分别套在相应芯线上，加热固定。

4.11 用 500 V 摇表对电缆进行摇测，绝缘电阻应在 10 MΩ 以上。电缆摇测完毕后，应将芯线分别对地放电。

4.12 根据接线端子的型号，选用螺栓将电缆接线端子压接在设备上。注意，应使螺栓由上向下或从内向外穿，平垫和弹簧垫应安装齐全。电缆头卡固时，应注意找直、找正，不得歪斜。

6.23 四芯电缆热缩中间接头制作作业标准

1 准备工作

1.1 安全防护：作业人员正确佩戴和使用个人防护用品；制作 0.6/1 kV（及以下电

压等级）低压四芯电缆热缩中间接头可不开工作票，但停送电需要按口头或电话命令执行，并做好记录；新建线路作业时，注意与相邻带电线路的距离，并做好现场防护。

1.2 人员组织：工作执行人1人、操作人2人、辅助人2人。

1.3 工器具材料：

材料要求：规格型号正确、质量合格、数量满足需要。

工器具要求：质量合格、安全可靠、数量及型号满足需要。

材料：低压热缩中间接头及附件、接线端子、焊锡、焊膏、抹布、汽油、镀锌钢管、电工胶带（黄、绿、红、黑四色）等。

通信防护用具：对讲机、标示牌（禁止类、允许类和警告类）、个人保安线、防护服、防护手套等。

绝缘工具：验电器、绝缘操作杆、绝缘拉杆、绝缘手套、三合一地线（含接地针）、绝缘靴。

个人工具：电工钳、扳手、螺丝刀、手锤、小绳及工具包等。

其他工具：绝缘电阻表、钢锯弓、扁锉、烤枪、电工刀、电缆剪、铁锹、铁镐、压接工具等。

2 安全卡控点

2.1 确认杆号及相关线路已停电，特别是对运行电缆制作中间接头时，停电后还必须确认停电的电缆是要制作中间接头的电缆，防止误动运行中带电的其他电缆，做好接地等安全措施后方可进行作业。

2.2 在配电室内，外高压部分及线路工作时，应按顺序进行。停电、验电时应悬挂地线，操作手柄应上锁或挂标示牌。

2.3 验电时，必须戴绝缘手套。选用电压等级合适的验电器，在设备两侧各相或线路各相分别验电，验明设备或线路确实无电后，将检修设备或线路做短路接地。

2.4 加工电缆各层时，必须戴防护手套。工作时刀口不要向着别人，并提醒旁人注意。

2.5 用电缆刀或电工刀剥皮时，不宜用力过大，最好不要把电缆绝缘外皮完全切透，里层电缆皮应撕下，防止损伤芯线。

2.6 中间接头做好后，要进行耐压试验，合格后方可投入使用。

2.7 试验合格后的中间接头，在送电后应核相，确认相位正确后方可通知用户使用。

3 作业流程

3.1 测电缆绝缘及放电。

3.2 剥去护套及钢铠。

3.3 剥去内护层，割去填充物，套入各种管带。

3.4 除芯线端部绝缘体，削绝缘体。

3.5 压接接续管并填充。

3.6 清洁绝缘表面，加热固定内绝缘管，填充台阶，加热固定外绝缘管套。

3.7 接地线，扎紧芯线。

3.8 加热固定外护套。

3.9 试验。

3.10 埋中间接头，恢复现场，核相。

4 质量标准

4.1 用 1 000 V 摇表，对电缆进行摇测，绝缘电阻应在 10 MΩ 以上，电缆摇测完毕后，应将芯线分别对地放电。

4.2 将两条需要接头的电缆拉直平放，并重叠 200～300 mm。在重叠中心处将电缆锯开。按照一定长度剥去电缆外护层（长端 890 mm，短端 490 mm），在距外护层断口约 50 mm 处的铠装上，缠绕绑扎线固定后，剥除其余钢铠。

4.3 留 20 mm 内护层，其余剥去。齐根割去填充物。在剥切长度较长一端套入外护套管，各相套入外绝缘管、内绝缘管、铜编织带，同时在短的一端也套上外护套管。

4.4 芯线端部切除绝缘体，长度为连接管长度二分之一加 5 mm，并将绝缘体削成 30 mm 长的锥体。

4.5 在导体上套上连接管。按规定压接后，缠绕绝缘带，并与两端绝缘搭接。在两端的锥体之间包绕填充胶，厚度不小于 3 mm。

4.6 用酒精擦去绝缘表面杂质后，将内绝缘管套在连接管上，由中间向两端加热收缩。在内绝缘管两端台阶处包绕密封胶，使台阶平滑过渡。将外绝缘管（共 2 根）在连接管处相互重叠后加热收缩。

4.7 两端钢铠用地线（铜编织带）连接并焊牢（也可以用卡子固定），焊接时用地线（铜编织带）旋绕扎紧芯线，用自粘胶带覆盖钢铠。

4.8 套上外护套管。两端各搭电缆外护套 100 mm，两端涂上热熔胶后加热收缩。

4.9 待冷却后即可做试验。选用 500 V 摇表，对电缆进行摇测，绝缘电阻应在 10 MΩ 以上，电缆摇测完毕后，应将芯线分别对地放电。

4.10 填埋中间接头，埋深不少于 0.8 m，并设置相关标识；送电后进行低压核相，确认相位正确后方可通知用户使用。

6.24 电缆敷设作业标准

1 准备工作

1.1 安全防护：作业人员正确佩戴和使用个人防护用品；需要在运行的线路上作业时，涉及计划申报、工作票签发与审核、预想会、停电作业、作业结束等工作环节及安全措施，按《铁路电力管理规则》和《铁路电力安全工作规程》中的有关要求及程序办理；新建线路作业时，注意与相邻带电线路的距离，并做好现场防护；上跨下穿时必须有牢固的防护架，必要时，穿越线路必须提报施工计划并按批复计划进行。

1.2 人员组织：现场指挥 1 人、操作人若干、辅助人若干。

1.3 工器具材料：

材料要求：规格型号正确、质量合格、数量满足需要。

工器具要求：质量合格、安全可靠、数量及型号满足需要。

材料：镀锌铁线。

登高工具：人字梯、脚扣、安全帽、安全带等。

通信防护用具：对讲机、标示牌（禁止类、允许类和警告类）、个人保安线、防护服、防护手套等。

个人工具：电工钳、扳手、螺丝刀、手锤、小绳及工具包等。

起重牵引工具：手扳葫芦、吊链、钢丝绳及钢丝套、放线滑轮、绳索等。

其他工具：绝缘电阻表、放线架、电缆滚轮、转向导轮、铁锹、铁镐或木杠、放线轴、皮尺、钢锯等。

2 安全卡控点

2.1 所有材料规格型号及电压等级应符合设计要求，并有产品合格证。

2.2 穿越、并行电缆线路、通信线、铁路、公路、建筑物、管道等，必须有安全可靠的防护措施；开挖电缆沟时，必须提前取得对方部门人员的配合，以防造成既有隐蔽工程的损坏。

2.3 道路、公路上应设防护人，防止行人绊倒摔伤和车辆挂线发生意外事故。

2.4 已开挖好的电缆沟应设明显的防护标志，以防止意外事故发生。

3 作业流程

3.1 准备工作。

3.1.1 施工前应对电缆进行详细检查，规格、型号、截面、电压等级均应符合设计要求，外观无扭曲、坏损等现象。

3.1.2 电缆敷设前进行绝缘摇测或耐压试验。

3.1.3 10 kV 以下电缆，用 500 V 摇表摇测线间及对地的绝缘电阻，应不低于 5 MΩ。

3.1.4 3～10 kV 电缆，应事先做耐压和泄漏试验，试验标准应符合国家和当地供电部门的规定，必要时在敷设前仍需用 2.5 kV 摇表测量绝缘电阻是否合格。

3.1.5 电缆测试完毕，先用橡皮包布密封，再用黑包布包好。

3.1.6 放电缆机具的安装：采用机械放电缆时，应将机械选好，在适当位置安装，并将钢丝绳和滑轮安装好。人力放电缆时，将滚轮提前安装好。

3.1.7 当桥架或支架上有多根电缆敷设时，应根据现场实际情况，事先将电缆的排列用表或图的方式划出来，以防电缆的交叉和混乱。

3.1.8 冬季电缆敷设，当温度达不到规范要求时，应将电缆提前加温。

3.1.9 电缆短距离搬运，一般采用滚动电缆轴的方法。滚动时，应按电缆轴上箭头指示方向滚动。当无箭头时，可按电缆缠绕方向滚动，切不可反缠绕方向滚动，以免电缆松弛。

3.1.10 电缆支架的架设地点应选好，以敷设方便为准，一般应以电缆起止点附近为宜。架设电缆支架时，应注意电缆轴的转动方向，电缆引出端应在电缆轴的上方。

3.2 直埋电缆敷设。

3.2.1 清除沟内杂物，铺上底沙或细土。

3.2.2 电缆敷设可用人力拉引或机械牵引。电缆敷设时，电缆弯曲半径应符合规范要求。

3.2.3 电缆在沟内敷设时，应有适量的蛇形弯，电缆的两端、中间接头、电缆井内、过管处、垂直位差处均应留有适当的余度。

3.2.4 电缆敷设完毕，应请建设单位、监理单位及施工单位的质量检查部门共同进行隐蔽工程验收。

3.2.5 隐蔽工程验收合格后，在电缆上下分别铺盖 10 cm 沙子或细土，然后用砖或电缆盖板将电缆盖好，覆盖宽度应超过电缆两侧 5 cm。使用电缆盖板时，电缆盖板应指向受电方向。

3.2.6 回填土。回填土前，再做一次隐蔽工程检验。合格后，应及时回填土并进行夯实。

3.2.7 埋标桩：电缆的拐弯、接头、交叉、进出建筑物等地段应设明显方位标桩。直线段应适当加设标桩。标桩露出地面以 15 cm 为宜。

3.2.8 直埋电缆进出建筑物，室内过管口低于室外地面者，对过管按设计或标准图册做防水处理。

3.2.9 有麻皮保护层的电缆，进入室内部分应将麻皮剥掉，并涂防腐漆。

3.3 电缆沿支架、桥架敷设。

3.3.1 水平敷设。

3.3.1.1 敷设可人力拉引或机械牵引。

3.3.1.2 电缆沿桥架或托盘敷设时，应单层敷设，排列整齐，不得有交叉，拐弯处应以最大截面电缆允许弯曲半径为准。

3.3.1.3 不同电压等级的电缆应分层敷设，高压电缆应敷设在上层。

3.3.1.4 同电压等级的电缆沿支架敷设时，水平净距不得小于 35 mm。

3.3.2 垂直敷设。

3.3.2.1 有条件时，最好自上而下敷设。在土建未拆吊车前，将电缆吊至楼层顶部。敷设时，同截面电缆应先敷设低层，后敷设高层，要特别注意，在电缆轴附近和部分楼层应采取防滑措施。

3.3.2.2 自下而上敷设时，低层小截面电缆可用滑轮大绳人力牵引敷设。高层、大截面电缆宜用机械牵引敷设。

3.3.2.3 沿支架敷设时，支架距离不得大于 1.5 m。沿桥架或托盘敷设时，每层最少加装两道卡固支架，敷设时应放一根立即卡固一根。

3.3.2.4 电缆穿过楼板时，应装套管，敷设完后应将套管用防火材料封堵严密。

3.4 挂标志牌。

3.4.1 标志牌规格应一致，并有防腐性能，挂装应牢固。

3.4.2 标志牌上应注明电缆编号、规格、型号及电压等级。

3.4.3 直埋电缆进出建筑物、电缆井及其两端应挂标志牌。

3.4.4 沿支架、桥架敷设电缆时，在其两端、拐弯处、交叉处应挂标志牌，直线段应适当增设标志牌。

4 质量标准

4.1 所有材料规格型号及电压等级应符合设计要求，并有产品合格证。

4.2 每轴电缆上应标明电缆规格、型号、电压等级、长度及出厂日期。电缆轴应完好无损。

4.3 电缆应外观完好无损，铠装无锈蚀、无机械损伤，无明显皱褶和扭曲现象。油浸电缆应密封良好，无漏油及渗油现象。橡套及塑料电缆外皮及绝缘层无老化及裂纹。

4.4 各种金属型钢不应有明显锈蚀，管内无毛刺。所有紧固螺栓均应采用镀锌件。

4.5 其他附属材料：电缆盖板、电缆标志桩、电缆标志牌、油漆、汽油、封铅、硬脂酸、白布带、橡皮包布、黑包布等均应符合要求。

4.6 预留孔洞、预埋件符合设计要求，预埋件安装牢固，强度合格。

4.7 电缆沟、隧道、竖井及人孔等处的地坪及抹面工作结束后，电缆沟排水畅通，无积水。

4.8 电缆沿线模板等设施拆除完毕后，场地应清理干净，道路畅通，沟盖板齐备。

4.9 电缆的耐压试验结果、泄漏电流和绝缘电阻必须符合施工规范规定。

4.10 电缆敷设必须符合以下规定：电缆严禁有绞拧、铠装压扁、护层断裂和表面严重划伤等缺损。直埋敷设时，严禁在管道上面或下面平行敷设。

4.11 坐标和标高正确，排列整齐，标志桩和标志牌设置准确；有防燃、隔热和防腐要求的电缆保护措施完整。

4.12 在支架上敷设时，固定可靠，同一侧支架上的电缆排列顺序正确，控制电缆在电力电缆下面，1 kV 及其以下电力电缆应放在 1 kV 以上电力电缆下面；直埋电缆埋设深度、回填土要求、保护措施以及电缆间和电缆与地下管网间平行或交叉的最小距离均应符合施工规范规定。

4.13 电缆转弯和分支处不紊乱，走向整齐清楚，电缆标志桩、标志牌清晰齐全，直埋电缆隐蔽工程记录及坐标图齐全、准确。

4.14 电缆最小弯曲半径应符合下述规定：

（1）多芯控制电缆 10d；

（2）无铅包、钢铠护套橡皮绝缘电力电缆 10d；

（3）裸铅包护套橡皮绝缘电力电缆 15d；

（4）钢铠护套橡皮绝缘电力电缆 20d；

（5）聚氯乙烯绝缘电力电缆 10d；

（6）多芯交联聚乙烯绝缘电力电缆 15d；

（7）单芯交联聚乙烯绝缘电力电缆 20d。

注：d 为电缆外径。

6.25　架空线路检修作业标准

1　准备工作

1.1　安全防护：作业人员正确佩戴和使用个人防护用品；对运行的架空线路进行检修作业时，涉及计划申报、工作票签发与审核、预想会、停电作业、作业结束等工作环节及安全措施，按《铁路电力管理规则》和《铁路电力安全工作规程》中的有关要求及程序办理；新建线路作业时，注意与相邻带电线路的距离，并做好现场防护。

1.2　人员组织：工作执行人 1 人、工作监护人若干、操作人若干、辅助人若干、验电接地工 4 人。

1.3　工器具材料：

材料要求：规格型号正确、质量合格、数量满足需要。

工器具要求：质量合格、安全可靠、数量及型号满足需要。

材料：钢线卡子、螺母、穿钉、镀锌铁线、绑线、铝包带、铝绑线、并沟线夹、楔形线夹、耐张线夹、绝缘子、抹布、砂纸、导线、压接管（接续条）、镀锌铁线、电力复合脂、凡士林、设备线夹、开口销、M 销、油漆（红、绿、黄、黑、灰）等。

登高工具：脚扣、安全帽、安全带等。

通信防护用具：对讲机、标示牌（禁止类、允许类和警告类）、个人保安线、防护服、绝缘鞋、手套等。

绝缘工具：验电器、绝缘操作杆、绝缘拉杆、绝缘手套、三合一地线（含接地针）、绝缘靴。

个人工具：电工钳、扳手、螺丝刀、手锤、小绳及工具包等。

起重牵引工具：手扳葫芦、紧线器、钢丝绳及钢丝套、开口滑轮、绳索等。

其他工具：断线钳、铁锹、铁镐、压接工具等。

2 安全卡控点

2.1 操作人员必须听从统一指挥，做好作业现场防护，非施工人员不得进入施工现场。

2.2 确认线路名称、地点、电杆编号、是否已停电并做好安全措施，确认无误后，在工作监护人的监护下方可登杆，以防误登、误操作；五级以上大风或雷雨时，禁止登杆。

2.3 登杆前检查基础是否牢固、电杆是否有裂纹；在新立电杆上作业前，应将回填土夯实；登冲刷、起土、上拔和导线、拉线松弛的电杆，应采取安全措施。

2.4 登杆作业所用工具及零星材料应装入工具包内，上下传递材料、工具须用吊绳，不得抛接，防止高空坠物伤人。现场人员应戴安全帽，杆下严禁行车，严禁无关人员逗留。

2.5 作业人员登杆前，检查脚扣各部位有无断裂、锈蚀现象，并对安全带、登杆工具做冲击试验，确认良好后方可登杆。登杆时，做到"脚踩稳、手扒牢、一步一步慢登高，到达位置第一要，安全带系牢靠"。

2.6 安全带系上后，必须检查扣环是否扣牢。杆上作业转位时，不得失去安全带保护，安全带必须系在牢固的构件或电杆上，不得系在绝缘子、避雷器、导线等不牢固的物件上。在新立电杆上作业时，应防止安全带从杆顶脱出或被锋利物割伤；严禁不系安全带进行高空作业。

2.7 送电后检查用户设备运行正常方可撤离现场。

3 作业流程

3.1 校正电杆，电杆根应培土。

3.1.1 人员上电杆，在电杆上部合适位置系好大绳作为电杆的拉力绳之用，地面人员拉住大绳的另一端。大绳应有足够的机械强度，中间无断股、散股及其他破损情况，大绳长度应超过电杆的长度，防止拉绳子时电杆突然倾倒砸伤人员。

3.1.2 当直线杆向垂直线路方向倾斜时，校正时不需要打开导线固定绑线；当直线杆向顺线路方向倾斜时，校正时应打开导线固定绑线。

3.1.3 当终端杆、分歧杆向线路方向倾斜时，由于电杆受力大，校正时应先卸载，即将导线与绝缘子、横担脱离。

3.1.4 人员下电杆。

3.1.5 开挖电杆根部基础。开挖基础应沿电杆倾斜的反方向进行，深度一般为 800～1 000 mm，宽度满足电杆校正的需要即可。

3.1.6 认真检查电杆根部，如果有裂纹或断杆露筋现象，视情况进行处理或更换。

3.1.7 拉绳校杆。拉绳校杆时，一人指挥。拉绳时，一开始不能用力过大，应根据电杆的变化情况逐步加大或减小拉绳子的力量，防止用力过大电杆反弹后向反方向或其他方向倾斜。

3.1.8 在拉绳校杆的过程中，应及时回填和捣固基础根部。

3.1.9 电杆校正完毕后，拆除拉绳，恢复电力线的固定。

3.2 登杆检查电杆状态。

3.3 检查横担有无锈蚀、变形、偏移，是否水平。

3.4 清洁瓷瓶，更换不良的绑线、铝包带、瓷瓶。

3.5 紧固各部螺丝，更换不良金具。

3.6 检查弓子线、电缆引线、接头有无烧伤、虚接、氧化，更换不良的线夹。

3.7 校正横担。

3.7.1 校正直线杆横担，可不卸载进行。校正倾斜的横担，采用抬或压的方法，必要时松动抱箍螺母，但需防止横担下滑。

3.7.2 当分歧杆、终端杆横担与电杆不垂直时，应卸载校正。

3.8 导线弛度调整（参照导线弛度调整作业标准）。

3.9 导线接头制作（参照导线接头制作作业标准）。

3.10 导线的检修。

3.10.1 导线表面有损伤，但还未达到切断重新接的程度，可用修补的方法处理。

3.10.2 当导线损坏不超过导电部分截面积的 17% 时，可在缺陷部分敷线补修，敷线材质、规格应与导线相同，长度应超出缺陷部分，两端缠绕长度为 100 mm。当铝绞线磨损面积占导电部分截面积的 6% 以内、损伤深度为单股线直径的 1/3 以内时，应采用同样金属的单股线在损坏部分缠绕，缠绕长度应超出损坏部分两端各 30 mm。

3.10.3 检查导线时，应检查导线在绝缘子上的固定、绑扎情况。绑扎应牢固，且应满足相关要求。

3.11 导线在针式绝缘子上的绑扎（导线在针式绝缘子上的绑扎作业标准）。

3.12 拉线检查调整。

3.12.1 对拉线的上部调整，必须在停电状态下进行。对拉线的下部调整，可根据具体情况决定是否需要停电。如果只需要调整 UT 线夹，可以不停电；如果对拉线重新打回头，更换 UT 线夹、地锚杆、地锚板，必须停电后进行。

3.12.2　对拉线回头的调整。如果拉线松弛不严重，可调整 UT 线夹；如果拉线松弛严重，应重新打回头。

3.12.3　对拉线打回头的步骤如下：在地锚杆、拉线上安装紧线器，在紧线器上挂手扳葫芦使拉线、UT 线夹受力，U 杆上应保留较大的间隙，以便以后进行调整。

3.12.4　如果拉线、地锚杆、UT 线夹被盗，应及时处理，更换新的拉线。UT 线夹、地锚杆不能小于原来的规格。更换方法如下：

（1）将地锚杆挖出，更换地锚杆。

（2）更换长度不符合要求的拉线。

（3）利用手扳葫芦和地锚杆将电杆调正。调正前应检查电杆根部有无横向裂纹和露筋现象。

（4）制作拉线回头，安装好 UT 线夹，紧固后拆除手扳葫芦。

（5）拉线下料时应计算精确，避免过长、过短造成浪费。

4　质量标准

4.1　直线杆杆身倾斜不大于梢径的一半，转角杆、终端杆杆身倾斜不大于一个杆的梢径。当直线杆杆身倾斜大于一个梢径，转角杆、终端杆杆身倾斜大于两个杆的梢径时，应对电杆进行校正。

4.2　埋设位置偏离中心线不超过 100 mm，超过 150 mm 时应重新埋设。

4.3　电杆裂纹宽度应小于 0.5 mm，横向长度应小于 1/3 周长，纵向长度应小于 0.5 m。当裂纹宽度大于 1 mm，横向长度大于 1/2 周长，纵向长度大于 1 m 时，应更换。

4.4　横担中心至杆顶距离，不应小于 200 mm。

4.5　各横担应平行架设在一个垂直面内，转角杆横担一般符合如下规定：

4.5.1　当电力线路转角度为 45° 及以下时，用单横担或双横担。

4.5.2　当电力线路转角度为 45° 以上时，用二段横担。

4.5.3　横担应装在电源的相反方向（受电侧），终端杆、分歧杆、转角杆的横担应装在受力的反方向（拉线侧），多层横担应装在同一侧。

4.5.4　铁横担不允许弯曲。

4.5.5　横担倾斜偏移不应大于 20 mm。

4.5.6　三角排列横担安装距离要求如下：

（1）杆顶支座抱箍中心距杆顶不小于 150 mm。

（2）扁三角排列时，横担中心距杆顶距离为 500 mm。

（3）正三角排列时，横担中心距杆顶距离为 800 mm。

4.6　导线弛度的误差，不应超过设计弛度的±5%。导线紧好后，同档内各导线弛度力求一致，水平排列的导线弛度相差不应大于 50 mm。

4.7　导线的排列顺序为，顺线路方向，面对负荷侧从左到右为 A、B、C。当低压线路带有零线时，零线应靠近电杆，为 a、o、b、c。

4.8　导线连接时，在每一档内每一条线只允许有一个接头，但架空线路跨越铁路、电力线、公路、电车道、通信线及主要河流时，导线不允许有接头。

4.9　不同金属、不同到往方向、不同规格的导线只允许在杆上过引线内连接，严禁在档距内连接（用专用连接器在杆塔跳线上连接）。

4.10　导线接头位置与绝缘子固定处的净距离不应小于 500 mm，距耐张线夹之间的距离不宜小于 15 m。如果有补修管，则补修长管之间的距离不应小于 5 m。

4.11　普通拉线与电杆的夹角一般为 45°，受地形限制时可适当减小，但不应小于30°。

4.12　拉线棒与拉线盘应垂直，连接处应采用双螺母，其外露地面部分的长度应为 500～700 mm。

4.13　采用 UT 线夹、楔形线夹固定的拉线，拉线弯曲部分不应有明显松散，拉线端头处与拉线主线应有可靠固定，线夹处露出的尾线长度为 300～500 mm，尾线回头后与本线应扎紧。

4.14　拉线固定于电杆上的位置，应符合下列规定：

4.14.1　导线为三角形排列时，在横担上方距横担中心 150～300 mm 处。

4.14.2　导线为水平排列时，在横担下方距横担中心 150～300 mm 处。

4.15　拉线位于交通要道或人易于触及的地方时，须套涂有红白油漆相间标志的管保护。

4.16　拉线距 10 kV 带电部分不应小于 200 mm，距 0.38 kV 带电部分至少保持100 mm。

4.17　终端杆向线路方向倾斜时，校正时可借助拉线进行。

6.26　站台灯检修作业标准

1　准备工作

1.1　安全防护：作业人员正确佩戴和使用个人防护用品；站台灯检修作业可不开工作票，但停送电需要按口头或电话命令执行，并做好记录；检修作业时要注意与相邻带电线路的距离，并做好现场防护。

1.2　人员组织：工作执行人1人、操作人2人、辅助人2人。

1.3　工器具材料：

材料要求：规格型号正确、质量合格、数量满足需要。

工器具要求：质量合格、安全可靠、数量及型号满足需要。

材料：塑料铜线、抹布、灯泡、镇流器、触发器、AB胶、玻璃胶、电工胶带（黄、绿、红、黑四色）、低压保险丝、灯泡、防锈漆等。

登高工具：人字梯、安全帽、安全带等。

通信防护用具：对讲机、标示牌（禁止类、允许类和警告类）、个人保安线、防护服、防护手套等。

个人工具：电工钳、扳手、螺丝刀、手锤、小绳及工具包等。

起重牵引工具：大绳。

2　安全卡控点

2.1　折叠灯柱在放倒过程中应扶住，不得让其自由倒下而损坏合页和限制活动板。

2.2　进行绝缘测量时，必须先停电，不得带电摇测。

2.3　五级以上大风天气时停止检修作业。

2.4　送电后必须确认站台灯工作正常。

3　作业流程

3.1　打开灯柱闭锁，缓慢放倒灯柱。

3.2　打开灯罩，清扫内部尘土，并检查灯泡、灯口有无烧损，接线是否松动。

3.3　检查外壳有无生锈，玻璃罩有无裂纹、破损。

3.4　检查镇流器、触发器、电容有无烧损，各接点有无烧损、虚接，保险丝是否熔断。

3.5 拆开伸缩限制杆，取出压力弹簧，在杆及弹簧上涂满黄油后装回。

3.6 检修结束后闭锁螺丝应涂黄油拧紧。

4 质量标准

4.1 灯具应顺铁路方向布置，固定应牢靠边，防止风吹偏，高度不低于 4.5 m。

4.2 接地电阻不大于 30 Ω。

4.3 灯柱无弯曲，表面无裂纹，钢柱防腐完好。

4.4 灯具安装牢固。灯罩无破损，保持清洁明亮。

4.5 电源引下线应从电杆穿线孔与灯具连接，电线进出灯具时应加软塑料管保护，且长度不小于 200 mm。

4.6 配电箱内电气设备布置正确合理，开关、熔断器、熔丝的容量和型号应符合要求。电气设备绝缘良好，电阻值不应小于 0.5 MΩ。

6.27 升降投光灯塔检修作业标准

1 准备工作

1.1 安全防护：作业人员正确佩戴和使用个人防护用品；站台灯检修作业可不开工作票，但停送电需要按口头或电话命令执行，并做好记录。

1.2 人员组织：工作执行人 1 人、操作人 2 人、辅助人 2 人。

1.3 工器具材料：

材料要求：规格型号正确、质量合格、数量满足需要。

工器具要求：质量合格、安全可靠、数量及型号满足需要。

材料：投光灯、塑料铜线、抹布、灯泡、镇流器、触发器、AB 胶、玻璃胶、电工胶带（黄、绿、红、黑四色）、低压保险丝（熔断器）、灯泡、防锈漆等。

登高工具：人字梯、安全帽、安全带等。

通信防护用具：对讲机、标示牌（禁止类、允许类和警告类）、个人保安线、防护服、防护手套等。

个人工具：电工钳、扳手、螺丝刀、手锤、小绳及工具包等。

起重牵引工具：大绳。

其他工具：接地电阻表、绝缘电阻表、机油壶。

2　安全卡控点

2.1　攀登铁塔时选择好上下位置，脚踏稳准，手把牢靠，系好安全带。

2.2　五级以上大风天气时停止检修作业。

2.3　进行灯塔灯台升降时，操作人员须远离灯塔，防止灯塔灯台意外坠地。

2.4　进行绝缘测量时，必须先停电，不得带电摇测。

2.5　高空作业时，应系好安全带，并系于牢固的构件上。

2.6　镇流器、投光灯及外罩应固定牢靠，防止被风吹掉砸伤人。

3　作业流程

3.1　检查塔体及基础、登高设施和防护栏杆，紧固各部构件和拉线，对锈蚀部分进行除锈涂漆。

3.2　紧固、补齐地脚螺栓、爬梯、防护栅栏螺母，焊接爬梯、防护栅栏有问题的焊口。

3.3　检查升降电机有无锈蚀，拧开减速器的注油螺丝注入机油及传动轴承注油。

3.4　调整松弛的升降钢丝绳，对钢线卡子进行紧固。

3.5　检查控制箱内各元件的接点是否牢靠。

3.6　检查开关接触器的触头有无烧伤，外壳有无裂纹、碳化，对状态不良的进行更换。

3.7　检查配电箱内接线是否牢固，是否有烧伤，绝缘皮有无破损。

3.8　检查时控开关或光控开关，时控开关的时间指示应与当时时间一致，并把开闭时间调整到所需时间上；遮住光控探头，检查光控开关动作情况；对故障时控开关或光控开关进行更换调整。

3.9　通电试验，记录有故障的投光灯。

3.10　电动降下灯台，在下降进程中检查灯台与塔体有无卡滞，限制滑轮有无脱开；降下过程中操作人员应远离灯塔灯座，并注意观察，发现卡滞及其他意外时及时停止，在断开操作电源并对升降绳进行固定后，人工登上灯塔进行处理。

3.11　灯台下降到限高架上后，限位开关的顶杆在灯台的压力下断开电源，电机应自动停止转动，对损坏的限位开关进行更换。

3.12　清扫灯具，检查故障投光灯，对损坏的灯泡、镇流器和触发器进行更换，更换后引入临时电源进行试验，确认良好后，调整灯光。检查灯具前罩玻璃、反光器等有无破损，安装是否牢固，灯具表面有无脱漆，对状态不良的进行处理。

3.13　检查控制装置及配管、配线。

3.14　检查线路是否有破损，接头是否可靠，灯泡有无松动，灯架是否良好。

3.15　检查动触头壳内的接触器连接片有无烧损，并在活动关节注油。

3.16　在塔顶部检查电源的静触头是否烧损，清除氧化层；检查悬吊滑轮是否灵活，并在轴承内注入机油。

3.17　升上灯台，选择手动方式通电检查，确认良好后将控制方式转为自动。

4　质量标准

4.1　杆塔垂直倾斜度不应大于 3%。

4.2　防腐处理应符合要求，油漆均匀无遗漏，各部螺栓紧固无松动，并施加防松措施。

4.3　投光灯塔电源引入方式可采用架空或电缆引入，但灯塔不应作为承力杆使用。

4.4　灯塔照明配线应采用钢管配线，导线宜采用铜芯绝缘线，配管应横平竖直，并用套卡固定在支架上。

4.5　灯具结构应严密，前罩玻璃、反光器等无破损，安装牢固，灯具表面无脱漆。

4.6　灯具及镇流器盒直接固定在工作台的角钢上或花纹细板上。

4.7　投光灯底头应安装牢固，在需要的光轴方向将枢轴拧紧固定，俯角符合设计要求。

4.8　镇流器一般安装在铁盒内，每盏投光灯都应设熔断保护。

4.9　升降灯台应保持水平，无卡滞。

4.10　电源的动触头插入静触头后，应接触良好。

4.11　三相的负荷应保持平衡。

4.12　避雷针不得弯曲，固定牢靠。

4.13　摇测接地电阻，不应大于 10 Ω。

4.14　用 500 V 绝缘电阻表测低压电缆的绝缘电阻，不应小 2.5 MΩ。

4.15　灯台上升和下降到限位高度后，限位开关应能断开电源，电机自动停止转动。

4.16　配电箱应严密不漏水，安装正确牢固，配线整齐。

6.28　灯桥检修作业标准

1　准备工作

1.1　安全防护：作业人员正确佩戴和使用个人防护用品；灯桥检修作业可不开工作票，但停送电需要按口头或电话命令执行，并做好记录。

1.2　人员组织：工作执行人1人、操作人2人、辅助人2人。

1.3　工器具材料：

材料要求：规格型号正确、质量合格、数量满足需要。

工器具要求：质量合格、安全可靠、数量及型号满足需要。

材料：投光灯、塑料铜线、抹布、灯泡、镇流器、触发器、AB胶、玻璃胶、电工胶带（黄、绿、红、黑四色）、低压保险丝（熔断器）、灯泡、防锈漆等。

登高工具：人字梯、安全帽、安全带等。

通信防护用具：对讲机、标示牌（禁止类、允许类和警告类）、个人保安线、防护服、防护手套等。

个人工具：电工钳、扳手、螺丝刀、手锤、小绳及工具包等。

起重牵引工具：大绳。

其他工具：接地电阻表、绝缘电阻表。

2　安全卡控点

2.1　攀爬灯桥时禁止多人同时一起攀爬。攀爬时，脚踏稳准，手把牢靠。

2.2　五级以上大风天气时停止检修作业。

2.3　灯桥上作业，一般不宜超过4人，多人在灯桥上行进时，应注意步伐，严防发生共振。

2.4　检修作业所用工具及零星材料应装入工具包内。上下传递材料、工具时，应用吊绳，注意防止高空坠物伤人。现场人员应戴安全帽，灯桥下严禁无关人员逗留。

2.5　进行绝缘测量时，必须先停电，不得带电摇测。

2.6　镇流器、投光灯及外罩应固定牢靠，防止被风吹掉砸伤人。

3　作业流程

3.1　检查塔体及基础、登高设施和防护栏杆，紧固各部构件，对锈蚀部分进行除锈涂漆。

3.2 紧固、补齐地脚螺栓、爬梯、防护栅栏螺母，焊接爬梯、防护栅栏有问题的焊口。

3.3 检查控制箱内各元件的接点是否牢靠。

3.4 检查开关接触器的触头有无烧伤，外壳有无裂纹、碳化，对状态不良的进行更换。

3.5 检查配电箱内接线是否牢固，是否有烧伤，绝缘皮有无破损。

3.6 检查时控开关或光控开关，时控开关的时间指示应与当时时间一致，并把开闭时间调整到所需时间上；遮住光控探头，检查光控开关动作情况；对故障时控开关或光控开关进行更换调整。

3.7 通电试验，记录有故障的投光灯。

3.8 登上灯桥进行处理。

3.9 清扫灯具，检查故障投光灯，对损坏的灯泡、镇流器和触发器进行更换，更换后合上电源进行试验，确认良好后，调整灯光。检查灯具前罩玻璃、反光器等有无破损，安装是否牢固，灯具表面有无脱漆，对状态不良的进行处理。

3.10 检查控制装置及配管、配线。

3.11 检查线路是否有破损，接头是否可靠，灯泡有无松动，灯架是否良好。

3.12 检修完成后选择手动方式通电检查，确认良好后将控制方式转为自动。

4 质量标准

4.1 投光灯一般布置在灯桥防护拉杆的立柱上，投光方向在两股道的中间，平行股道向两侧照射。灯桥下面的照明是在横梁上吊 GC–10 型高压水银荧光灯，一般为 250 W，间距不大于 30 m。

4.2 灯桥配线应采用三相四线制，导线为铜芯绝缘线。沿桥支柱敷设时宜采用钢管配线，沿桁梁敷设时宜采用绝缘子明配线。

4.3 投光灯安装应符合下列规定：

4.3.1 投光灯的俯角应符合设计要求。

4.3.2 投光灯引入线宜用橡皮套电缆直接引入。

4.3.3 投光灯、反射器、玻璃罩等应固定牢固，灯具应接地良好。

4.3.4 灯座板应焊在灯桥的角钢（钢管）扶手拉杆上。

4.4 镇流器的安装应符合下列规定：

4.4.1 镇流器引线采用绝缘导线或橡皮电缆。

4.4.2 镇流器和熔断器，应设通风良好和拆卸方便的保护罩以便保护。

4.5 当光源功率因数较低时，采取低压电容器进行补偿，电容器应装在通风良好的箱内，装设在灯桥配电箱附近。

6.29 防雷及接地装置检修作业标准

1 准备工作

1.1 安全防护：作业人员正确佩戴和使用个人防护用品；对运行线路的防雷及接地装置进行检修作业时，涉及计划申报、工作票签发与审核、预想会、停电作业、作业结束等工作环节及安全措施，按《铁路电力管理规则》和《铁路电力安全工作规程》中的有关要求及程序办理；新建线路作业时，注意与相邻带电线路的距离，并做好现场防护。

1.2 人员组织：工作执行人 1 人、操作人 2 人、辅助人 1 人、验电接地工 4 人。

1.3 工器具材料：

材料要求：规格型号正确、质量合格、数量满足需要。

工器具要求：质量合格、安全可靠、数量及型号满足需要。

材料：铝绞线、绝缘线、电力复合脂、凡士林、避雷器、接线端子、胶皮绝缘线、砂布、接地极、抹布、毛刷、油漆（黑、灰）、镀锌铁线等。

登高工具：脚扣、安全帽、安全带等。

通信防护用具：对讲机、标示牌（禁止类、允许类和警告类）、个人保安线、防护服、防护手套等。

绝缘工具：验电器、绝缘操作杆、绝缘拉杆、绝缘手套、三合一地线（含接地针）、绝缘靴。

个人工具：电工钳、扳手、螺丝刀、手锤、小绳及工具包等。

其他工具：绝缘电阻表、接地电阻表、铁锹、铁镐、压接工具等。

2 安全卡控点

2.1 避雷器的检修应与其他线路设备的检修一并进行，对于运行的线路，相关的安全措施必须按《铁路电力停电作业标准》有关要求进行办理。

2.2 断开接地装置测量接地电阻时，必须戴绝缘手套，拆开接地引线后禁止用手触及接地线。

3 作业流程

10 kV（及以下电压等级）电力线路防雷手段有限，避雷器及其良好的接地是经济有效的防雷手段，对于神朔铁路 10 kV（及以下电压等级）电力线路及设备来讲，防雷装置特指氧化锌避雷器。

3.1 氧化锌避雷器的检修。

3.1.1 清扫避雷器表面，检查瓷件有无裂纹、破损；对自脱式避雷器已自行熔断脱开的进行更换。

3.1.2 检查避雷器各连接处的金属接触表面，对氧化、腐蚀的进行打磨并涂电力复合脂。

3.1.3 检查避雷器引线，其连接不应使端子受到超过允许的外力；引线如有破损，应更换。

3.1.4 检查避雷器引线连接状况，整体应无严重倾斜，固定良好。

3.1.5 检查避雷器地线状况，有无烧伤断股，有无虚接；检查三相避雷器地线短接后与接地引线连接情况，对不符合要求的地线进行更换。

3.1.6 检查接地引下线，查看有无锈蚀，对锈蚀的引下线进行除锈涂漆；检查接地引下线与接地极的连接是否良好，检查并紧固相关的并沟线夹。

3.2 测试避雷器的绝缘电阻。

3.2.1 将需要测试的避雷器拆下引线，按有关说明检查绝缘电阻表的状态，确认良好。

3.2.2 把绝缘电阻表的 L 线接在避雷器的线路连接端，把摇表 E 线接在避雷器的接地端。

3.2.3 按绝缘电阻表使用说明书进行绝缘电阻测试。

3.2.4 对拆卸的避雷器引线进行恢复。

3.3 接地装置的检修。

3.3.1 检查地面上和电缆沟内的接地线、接地端子和并沟线夹，检查它们有无锈蚀、断裂及烧损，检查它们与设备的连接状况。

3.3.2 检查接地线的防腐状况，对防腐措施不良的进行整治。

3.3.3 检查接地线与接地体的连接状况。

3.3.4 测试接地电阻值。

3.3.5 恢复接地连接。

4 质量标准

4.1 氧化锌避雷器。

4.1.1 避雷器表面良好，无裂纹、破损和放电烧伤痕迹，瓷套与铁法兰间的结合应良好，内部氧化锌阀片应无松动。

4.1.2 避雷器各连接处的金属接触表面无氧化、腐蚀，接触良好。

4.1.3 避雷器引线固定良好，张力适中；与接地物体的安全距离符合要求。

4.1.4 避雷器地线与避雷器连接应良好、牢固，无烧伤断股，无氧化虚接现象；与接地引线连接良好。

4.1.5 避雷器的绝缘电阻测试按所选用的仪表说明书进行。

4.1.6 10 kV 电压等级的避雷器绝缘电阻不应小于 1 000 MΩ。

4.2 接地装置。

4.2.1 接地线、接地端子和并沟线夹应完整，无锈蚀、断裂及烧损；与设备连接牢固，接触良好。

4.2.2 接地的设备每台均应该用单独的接地线接到接地母线上，禁止设备串联接地。

4.2.3 接地线与电力设备的连接可用螺栓连接或焊接；用螺栓连接时应附以防松螺帽或防松垫片。

4.3 各种类型的接地装置的接地电阻不应大于下述值：

4.3.1 架空电力线路居民区高压线路钢筋混凝土、金属杆，自闭区间电源转换箱的接地电阻为 30 Ω；容量在 100 kVA 以上的配电网路中的重复接地系统为 10 Ω；100 kVA 及以下的为 30 Ω。

4.3.2 高低压电气设备或单高压电气设备的接地电阻为 10 Ω；低压电气设备及容量为 100 kVA 以上的变压器接地电阻为 4 Ω；容量为 100 kVA 及以下的变压器及避雷器接地电阻为 10 Ω。

4.3.3 灯塔、灯桥的接地电阻为 10 Ω。

6.30 高压熔断器检修作业标准

1 准备工作

1.1 安全防护：对运行线路的高压熔断器进行检修作业时，涉及计划申报、工作票签发与审核、预想会、停电作业、作业结束等工作环节及安全措施，按《铁路电力管理规则》和《铁路电力安全工作规程》中的有关要求及程序办理；带电更换户外跌落式熔断器时，应按要求对所用工具进行试验，并正确佩戴和使用个人防护用品。

1.2 人员组织：工作执行人 1 人、操作人 2 人、辅助人 1 人、验电接地工 4 人。

1.3 工器具材料：

材料要求：规格型号正确、质量合格、数量满足需要。

工器具要求：质量合格、安全可靠、数量及型号满足需要。

材料：铝绞线、绝缘线、电力复合脂、凡士林、高压熔断器、跌落式熔断器、熔丝、接线端子、胶皮绝缘线、砂布、抹布、毛刷、油漆（黑、灰）、镀锌铁线等。

登高工具：脚扣、安全帽、安全带等。

通信防护用具：对讲机、标示牌（禁止类、允许类和警告类）、个人保安线、防护服、防护手套等。

绝缘工具：验电器、绝缘操作杆、绝缘拉杆、绝缘手套、三合一地线（含接地针）、绝缘靴。

个人工具：电工钳、扳手、螺丝刀、手锤、小绳及工具包等。

其他工具：万用表、压接工具等。

2 安全卡控点

2.1 拆卸保险管时应戴绝缘手套，穿绝缘靴，使用绝缘杆操作。

2.2 保险丝应无弯折、压扁或损伤。

2.3 不得在雷雨天气进行检修作业。

3 作业流程

高压熔断器分为户内式和户外式两种，户内熔断器一般指内充石英砂填料的密封管式熔断器；户外熔断器一般为跌落式熔断器。

3.1 密封管式熔断器检修。

3.1.1 熔断器检修应与配电装置及相关线路同时进行。

3.1.2 检查接触部分有无过热，打磨去除氧化层。

3.1.3 检查熔断器瓷体有无损伤，对有损伤的进行更换。

3.1.4 用万用表通断档对熔断器进行测试，对不导通的熔断器进行更换。

3.1.5 检查熔丝管安装、熔断显示标志是否正确，对安装不符合要求的重新进行安装。

3.2 跌落式熔断器检修。

3.2.1 检查跌落式熔断器底座（支架），对各部件进行紧固、除锈并刷防锈漆。

3.2.2 检查跌落式熔断器转轴接点，查看是否灵活，铸件是否有裂纹、砂眼等，对不符合要求的进行更换。

3.2.3 清洁熔管，检查熔管有无烧伤、裂纹、破损，容量是否满足要求，分合操作是否灵活，倾斜度是否符合要求。

3.2.4 检查熔丝安装情况，更换熔丝，并检查上鸭嘴是否过紧或过松，与触头接触是否良好。

3.2.5 检查熔断器上下引线是否有烧伤、断股；当上下引线端子、线夹有松动、过热、氧化虚接时，视情况进行处理，必要时重新压接端子并打磨电气接点。

3.2.6 带电用绝缘拉杆取下或安装保险管时，应扶稳绝缘杆，防止绝缘杆撞坏运行着的其他瓷质绝缘子。

4 质量标准

4.1 密封管式熔断器。

4.1.1 带钳口的熔断器，其熔断管应紧密地插入钳口内，接触良好，无氧化发热现象。

4.1.2 高压熔断器应外观完好，无损伤。

4.1.3 高压熔断器应配合相关负荷开关型号及规格要求。

4.1.4 装有动作指示器的熔断器，其安装应按机构说明要求进行，便于检查熔断指示器动作情况。

4.2 跌落式熔断器。

4.2.1 保险丝每半年更换一次（免维护式跌落开关、防误掉跌落开关、喷射式熔断器不在此限），保险丝应按变压器一次电流的（1～1.5）倍选用。

4.2.2 接点转轴光滑灵活，铸件不应有裂纹、砂眼、锈蚀。

4.2.3　熔管长度合适，触头被鸭舌扣住的长度要在 2/3 以上；熔管内应清洁，熔丝安装应适当拉紧，拧牢。

4.2.4　熔断器安装牢固、排列整齐，熔管的轴线与垂线的夹角应为 15°～30°；熔丝熔断后动作应灵活可靠；上下引线应压紧，与线路导线的连接应紧密、可靠。

4.2.5　瓷件良好，熔管不应有吸潮膨胀或弯曲现象。

4.2.6　10 kV 跌落式熔断器相间的水平距离不应小于 500 mm。

4.2.7　熔丝额定电流应符合有关规定，并应无弯曲、压扁或损伤现象。

6.31　室外配电箱巡视清扫作业标准

1　准备工作

1.1　安全防护：作业人员正确佩戴和使用个人防护用品；配电箱巡视清扫作业可不开工作票，但停送电需要按口头或电话命令执行，并做好记录。

1.2　人员组织：工作执行人 1 人、操作人 1 人、辅助人 1 人。

1.3　工器具材料：

材料要求：规格型号正确、质量合格、数量满足需要。

工器具要求：质量合格、安全可靠、数量及型号满足需要。

材料：塑料铜线、抹布、空气开关、电流互感器、电流表、电压表、电度表、毛刷、电工胶带（黄、绿、红、黑四色）、防锈漆等。

通信防护用具：对讲机、标示牌（禁止类、允许类和警告类）、个人保安线、防护服、防护手套等。

绝缘工具：绝缘手套、绝缘靴。

个人工具：电工钳、扳手、螺丝刀、手锤、小绳及工具包等。

其他工具：万用表。

2　安全卡控点

2.1　巡视清扫时必须按规定穿绝缘靴、戴绝缘手套，必须使用电工绝缘工具。

2.2　带电清扫时必须戴绝缘手套，毛刷金属部分不得有毛刺并用绝缘胶带包扎覆盖，不得触及带电部分，防止短路。

2.3　对配电箱、开关箱进行检查、维修时，必须将其前一级相应的电源开关分闸断电，并悬挂停电标志牌，严禁带电作业。

2.4 所有配电箱、开关箱在使用过程中的送电顺序为：总（开关）配电箱—分（开关）配电箱；停电操作顺序为：分（开关）配电箱—总（开关）配电箱。出现电气故障的紧急情况除外。

2.5 施工现场停止作业 1 h 以上时，应将动力开关箱断电上锁。

2.6 作业结束，必须在确认用户用电正常后方准撤离。

3 作业流程

3.1 停电前先通知相关用户，停（送）电需要按口头或电话命令执行，并做好记录。

3.2 按停送电顺序进行停送电。

3.3 检查配电箱箱体，检查是否有损坏、锈蚀，对损坏、严重变形的配电箱进行更换，对锈蚀的配电箱进行除锈刷漆。

3.4 检查配电箱锁具，对锁闭不良的进行更换，对转动不良的注油。

3.5 检查配电箱内支持绝缘子状态并进行紧固，对状态不良的更换。

3.6 检查配电箱内配线及端子。配线是否整齐、截面是否满足载流要求、有无绝缘老化、主体有无外露，配线与端子、电器与端子的连接有无烧损、过热、虚接、固定螺丝松动等现象。如有缺陷，视情况处理或更换。

3.7 检查各空气开关标识，并进行紧固，用万用表测试其通断状况，对损坏的进行更换。

3.8 检查配电箱内各表计并进行紧固，对状态不良的表计进行更换。

3.9 查检防护管及引线，视情况处理缺陷。

3.10 检查配电箱内电流互感器并进行紧固，检查其接地及接线情况，确保不出现开路。

3.11 检查低压总开关三相电流是否基本平衡，零线电流是否超过相电流的 20%，超过时应调整负荷。

3.12 检查箱体、金属电器安装板以及箱内电器的接地（接零）情况，对相关螺栓进行紧固，对不符合要求的接地线进行更换。

3.13 清扫配电箱，对电缆孔进行封堵。

3.14 恢复送电后，检查各负荷电压是否正常。

4 质量标准

4.1 配电箱周围应有足够二人同时工作的空间和通道，不得堆放任何妨碍操作、维修的物品；不得有灌木、杂草。

4.2 配电箱必须防雨、防尘良好。

4.3 箱内的开关电器应按规定的位置紧固在电器安装板上，不能歪斜和松动。

4.4 箱内的连接线应采用绝缘导线，接头不得松动，不得有外露带电部分。

4.5 铝线与端子压接前，应先清除端子内壁、导线表面的污物及氧化层，并涂以电力复合脂，然后进行压接。

4.6 铜线与端子焊接前，应将导线打磨干净，涂以中性焊锡膏，焊接时焊锡必须灌注饱满、光滑。

4.7 金属箱体、金属电器安装板以及箱内电器的不应带电底座、外壳等必须做保护接零，保护零线应通过接线端子板连接。

4.8 配电箱内的电器必须可靠完好，不准使用破损、不合格的电器。

4.9 箱内总开关的额定值、动作整定值应与分路开关的额定值、动作整定值相适应。

4.10 配电箱中导线的进线口和出线口应设在箱体的下底面，严禁设在箱体的上顶面、侧面、后面或箱门处；进、出线应加护套分路成束并做防水弯，导线束不得与箱体进、出口直接接触；移动式配电箱和开关箱的进、出线必须采用橡皮绝缘电缆。

4.11 所有配电箱及箱内各开关均应标明其名称、用途，并做出分路标记。

6.32 接地电阻测试作业标准

1 准备工作

1.1 安全防护：作业人员正确佩戴和使用个人防护用品；接地电阻测试作业可不开工作票，但作业需要按口头或电话命令执行，并做好记录。

1.2 人员组织：工作执行人1人、操作人1人。

1.3 工器具材料：

材料要求：规格型号正确、质量合格、数量满足需要。

工器具要求：质量合格、安全可靠、数量及型号满足需要。

材料：砂纸、并沟线夹。

通信防护用具：对讲机、标示牌（禁止类、允许类和警告类）、个人保安线、防护服、防护手套等。

绝缘工具：绝缘手套，绝缘靴。

个人工具：电工钳、扳手、螺丝刀、手锤、小绳及工具包等。

其他工具：接地电阻表。

2 安全卡控点

2.1 拆除设备杆接地线前必须戴好绝缘手套。

2.2 在接地线与接地极断开后，禁止触及接地线。

2.3 遥测工作接地电阻时，停电后方能进行。

3 作业流程

3.1 准备好试验所需仪器仪表、工器具、相关材料、相关图纸及相关技术资料。

3.2 了解被试设备出厂和历史试验数据，分析设备情况。

3.3 试验接线。

3.4 测量，将需测设备的接地极拆开。

3.5 将接地电阻表放置平稳，检查其检流计是否位于零值（中心位置如不在零值可用零位调整器进行调整）。

3.6 读数，将倍率标度置于最大位置，慢慢摇动摇把，同时调整标度盘，使指针接近于零值的平衡位置，然后加快摇动，把速度提升到 120 r/min，使指针指于零位，这时标度盘上的标量乘以倍率标度即为接地电阻值。

3.7 恢复接地引下线，紧固接地螺栓。

4 质量标准

4.1 仪器仪表、工器具应试验合格，满足本次试验的要求，材料应齐全，图纸及资料应符合现场实际情况。

4.2 明确需测设备，防止误拆运行设备接地线。

4.3 E 接被测电阻；P 接电压极接地棒，该接地棒距被测电阻不应小于 20 m；C 接电流极接地棒，该接地棒距被测电阻不应小于 40 m。

4.4 初始状态时，检流计指针应位于零位；测量时，如遇指针摆动不定，说明接地棒与大地接触不良，可把接地棒四周夯实。解开接地时，应戴绝缘手套。

4.5 测量应平稳，严禁摇测时晃动，确保读数准确。

4.6 严禁用手直接接触与地断开的接地线，紧固螺栓应戴绝缘手套。

4.7　各种类型的接地装置的接地电阻不应大于下述值：

4.7.1　架空电力线路居民区高压线路钢筋混凝土、金属杆，自闭区间电源转换箱的接地电阻为 30 Ω；容量在 100 kVA 以上的配电网路中的重复接地系统的接地电阻为 10 Ω；100 kVA 及以下的接地电阻为 30 Ω。

4.7.2　高低压电气设备或单高压电气设备的接地电阻为 10 Ω；低压电气设备及容量为 100 kVA 以上的变压器接地电阻为 4 Ω；容量为 100 kVA 及以下的变压器及避雷器的接地电阻为 10 Ω。

4.7.3　灯塔、灯桥的接地电阻为 10 Ω。

4.8　上述测试办法适用于 ZC–8 型接地电阻表。若用其他接地电阻表测试，表计使用办法参照说明书进行。

6.33　绝缘电阻测试作业标准

1　准备工作

1.1　安全防护：作业人员正确佩戴和使用个人防护用品；进行线路绝缘电阻测试作业时，涉及计划申报、工作票签发与审核、预想会、停电作业、作业结束等工作环节及安全措施，按《铁路电力管理规则》和《铁路电力安全工作规程》中的有关要求及程序办理。

1.2　人员组织：工作执行人 1 人、操作人 2 人、辅助人 1 人、驻站要令人 1 人、验电接地工 4 人。

1.3　工器具材料：

材料要求：规格型号正确、质量合格、数量满足需要。

工器具要求：质量合格、安全可靠、数量及型号满足需要。

材料：砂纸、并沟线夹。

通信防护用具：对讲机、标示牌（禁止类、允许类和警告类）、个人保安线、防护服、防护手套等。

绝缘工具：绝缘手套、绝缘靴。

个人工具：电工钳、扳手、螺丝刀、手锤、小绳及工具包等。

其他工具：温度表、绝缘电阻表。

2 安全卡控点

2.1 涉及高空作业项目，按高空作业有关安全注意事项办理。

2.2 接试验电源时，应戴绝缘手套。在不能确定是否带电时，应将设备视为带电设备。

2.3 装设、更换接线或试验结束时，应断开电源，并将被试设备加压端接地，进行充分的放电。

2.4 拆线前做好标记和记录，防止误接二次线。

3 作业流程

3.1 准备好试验所需仪器仪表、工器具、相关材料、相关图纸及相关技术资料。

3.2 了解被试设备出厂和历史试验数据，分析设备情况。

3.3 试验前要将试品表面的污垢进行清洁、打磨处理。

3.4 测试前对所用绝缘电阻表进行检查。

3.5 根据被试品的要求，选择不同测试电压的档位。

3.6 测试时应先将已进行充分放电的被试品的接地端与绝缘电阻表的"接地"端子连接。

3.7 对于被试品，为了避免表面泄漏对测试结果的影响，应该对表面泄漏进行屏蔽，将屏蔽线一端与绝缘电阻表的屏蔽端子（一般为"G"端子）相连，并将另一端与被试品需屏蔽部分相连。

3.8 将绝缘电阻表的测试线与"火线"端子相连。

3.9 启动绝缘电阻表，并将测试线与被试品接触，根据要求读取不同时间的绝缘电阻值，一般应记录 15 s 和 60 s 的绝缘电阻值，需进行极化指数测试时还应记录 10 min 时的绝缘电阻值。

3.10 对于手摇式绝缘电阻表，必须注意：读取绝缘电阻值后，应先断开接至试品的测试线，再停止绝缘电阻表的工作，以免被试品的电容在测量时所充的电荷经绝缘电阻表放电而损坏绝缘电阻表。

3.11 在湿度较大的环境中进行测量时，可以在被试品表面加等电位屏蔽。

3.12 测试结果应换算到同一温度下进行比较。

3.13 恢复设备接线，紧固相关螺栓。

4 质量标准

4.1 仪器仪表、工器具应试验合格，满足本次试验的要求，材料应齐全，图纸及资料应符合现场实际情况。

4.2 明确需测设备，防止误拆运行设备接地线。

4.3 在对试品进行试验前，应确保所用绝缘电阻表接地良好。

4.4 启动绝缘电阻表后，当表的"火线"与"接地"接触时，指针应归零（或数字显示为零）。

4.5 启动绝缘电阻表后，当表的"火线"与"接地"断开时，指针应指向∞。

4.6 初始状态时，检流计指针应位于零位；测量时，如遇指针摆动不定，说明接地棒与大地接触不良，可把接地棒四周夯实。解开接地时，应戴绝缘手套。

4.7 测量应平稳，严禁摇测时晃动，确保读数准确。

4.8 严禁用手直接接触与地断开的接地线，紧固螺栓时应戴绝缘手套。

4.9 使用其他绝缘电阻表进行测试时，应按其说明书进行操作。

4.10 1 kV 电缆线路的绝缘电阻不应小于 5 MΩ；6～10 kV 电缆线路的绝缘电阻不小于 500 MΩ；一般厂用电器及室内配电的绝缘电阻不小于 1 MΩ。

6.34 配电箱的配置及更换作业标准

1 准备工作

1.1 安全防护：作业人员正确佩戴和使用个人防护用品；配电箱的配置及更换作业可不开工作票，但停送电需要按口头或电话命令执行，并做好记录。

1.2 人员组织：工作执行人 1 人、操作人 1 人、辅助人 1 人。

1.3 工器具材料：

材料要求：规格型号正确、质量合格、数量满足需要。

工器具要求：质量合格、安全可靠、数量及型号满足需要。

材料：焊锡丝、焊锡膏、各种型号的空气开关、电度表、电流互感器、螺丝、配电箱、配电板、接线端子、塑料绝缘线、绝缘胶带、电力复合脂、砂布、抹布、膨胀螺栓、塑料带。

通信防护用具：对讲机、标示牌（禁止类、允许类和警告类）、个人保安线、防护服、绝缘鞋、绝缘手套等。

个人工具：电工钳、扳手、螺丝刀、手锤、小绳及工具包等。

其他工具：套筒扳手、梅花扳手、温度表、绝缘电阻表、钢锯、压接钳、烙铁、电钻（含钻头）。

2 安全卡控点

2.1 更换配电箱前需将上一级电源停掉并设置短封线。

2.2 作业过程中正确佩戴和使用个人防护用品。

2.3 作业结束后，必须在确认用户用电正常后方准撤离。

3 作业流程

3.1 配置配电箱作业。

3.1.1 配电箱的选择。根据受电及馈电需要选择合适的配电箱，当配电箱的长度在 0.6 m 及以上时，应采用双门配电箱。

3.1.2 根据配电箱及箱内电器设置，选择适当的配电板；配电板一般采用 2 mm 厚的钢板或复合板制作，配电板用螺栓固定在配电板安装架上，应合理布置各电器设备在配电板上的位置。

3.1.3 漏电断路器的装设。必须安装漏电断路器的设备和场所：属于Ⅰ类的移动式电气设备及手持式电动工具；安装在潮湿、强腐蚀性等环境恶劣场所的电器设备；建筑施工工地的电气施工机械设备；宾馆及招待所的房内插座回路；安装在水中的供电线路如潜水泵用回路等。

3.1.4 箱内配线。配线一般按照从上至下、从左至右的顺序进行，箱内配线一般采用板后配电，导线引出面板均应套绝缘管，各回路排列整齐，布线美观，保护导体或保护中性导体应接在接地端子上，严禁在保护导体或保护中性导体上分支接线；导线端部在剥开绝缘时，应不损伤线芯；箱内干冷导线采用绝缘导线，导线与设备连接一般采用接线端子；接线端子的圆尾部分与导线的绝缘层应该用绝缘胶带缠包严密、均匀。

3.2 更换配电箱作业。

3.2.1 对需更换配电箱的上一级电源停电，并做好安全措施。

3.2.2 确定更换配电箱的位置，确定是原位安装还是移位安装。

3.2.3 拆除原配电箱的引入、引出电缆。

3.2.4 固定新配电箱。原位安装时，尽可能地利用原固定螺栓，当需要重新固定时，需确认钻孔处无电缆。

3.2.5 引入线、引出线安装，并密封开孔。

3.2.6　送电检查。

4　质量标准

4.1　配置配电箱。

4.1.1　配电箱分为室内配电箱和室外配电箱两种，室外配电箱一般适用于变电台、灯塔和灯桥等室外处所；室内配电箱适用于生产、生活等室内处所，分暗装和明装两种方式。室外配电箱一般宜采用不锈钢板制作，室内配电箱可用一般钢板制作，但得有良好的防腐措施。配电箱箱门应向外开，箱门应装锁具，室外配电箱应密封良好，并有防尘、防雨措施。

4.1.2　室内外配电箱内应设置总开关、电度表，当负荷电流在 15 A 及以上时，一般应装设电流互感器，其准确度为 0.5 级。电流互感器一般采用板后安装，板后接线，根据需要设置各分路开关。配电板上的开关、电表等设备应垂直安装，上端接电源，下端接负荷，相位应一致，从左至右按 A、B、C 排列，各回路应有标志牌；配电板内各电器间的最小距离应满足要求。

4.1.3　漏电断路器的技术参数应符合相关国家规定，单相 220 V 电源供电的电气设备，应选用二极二线式或单极二线式漏电断路器；三相三线式 380 V 电源供电的电气设备，应选用三极式漏电断路器；三相四线式 380 V 电源供电的电气设备，或单相设备与三相设备共用的线路，应选用三极四线式、四级四线式漏电断路器。选用漏电断路器时，应注意其动作参数与用电设备匹配。漏电断路器应按其说明书安装，安装好后应进行试验。

4.1.4　配线时，一次导线截面必须满足设备容量安全载流的要求；二次导线截面：铜导线不应小于 1.5 mm²；铝导线不应小于 2.5 mm²，箱内二次线不应有接头。

4.2　更换配电箱。

4.2.1　配电箱安装应垂直，箱体高 50 mm 以下时其垂直偏差不应大于 1.5 mm，箱体高 50 mm 及以上时其垂直偏差不应大于 3 mm。各种构件、金属应无锈蚀、折裂、破损，各种预埋件不应松动，尺寸应符合要求。

4.2.2　灯塔配电箱安装高度为箱体中线距地面 1.8 m，灯桥配电箱安装高度为箱体中线距地面 1.4 m。

4.2.3　室内配电箱其底边距地面高度一般不低于 1.2 m，配电板底边距地面高度不应低于 1.8 m。

4.2.4　配电箱完整，不漏雨，无锈蚀，绝缘电阻符合标准。

4.2.5 室外变电台、灯桥配电箱的引入（出）线，应采用绝缘导线，并用镀锌钢管防护。管内导线的总截面积（包括外护层）不应超过钢管截面积的 40%。

4.2.6 管内导线不允许有接头。同一防护管内，不允许穿入不同回路的导线。

4.2.7 镀锌钢管进入配电箱的长度为 50 mm，管子与箱体应密封良好。

4.2.8 铝线与设备连接时，应采用铜铝过渡端子，铝线与端子采用压接方式；铜线与设备连接时，应采用铜端子，铜线与端子用焊接方式。

4.2.9 送电前，确认各分路开关在分合，送电时应按先总后分的顺序进行。

6.35 预想会工作标准

1 准备工作

1.1 工作执行人积极与工作票签发人和班组负责人沟通，掌握作业地点及范围的地理环境情况、需停电设备、封锁线路及道岔、装设接地线位置及数量、作业地点附近有电设备、作业范围内的设备缺陷、关键的安全注意事项等。

1.2 了解每一个工作组员的身体、思想状况，对身体状态不好、有情绪波动的不能分配高空、驻站等重要岗位，不能分配其一人单独顶岗，必要时不予分配任务。

1.3 了解工具材料情况、车辆状况，掌握作业时间内的天气情况。

1.4 提出检修方案及作业中发生问题的补救方案。当用汽车作业时，还应确定交通工具和交通路线。

1.5 填写"分工表"，明确工作组员的岗位分工、所需工器具材料。

1.6 根据掌握的情况和人员分工，准备工作票、作业命令票、倒闸作业票、设备检修计划、预想会记录、设备图纸和设备缺陷记录、检修台账等资料，必要时画出作业现场的简图，图上标明作业地点、作业范围及作业内容，以及关键地点和关键环节等。

2 预想会会议流程及标准

2.1 工作执行人宣读工作票，工作组员对工作票内容有疑问或没听清楚的向工作执行人提出，工作执行人进行解答，无异议后方可进行分工。

2.2 工作执行人根据分工表进行分工，明确每个组员在作业中的岗位、岗位的主要安全措施和注意事项、需携带的作业用具和材料、乘坐车辆时的安全注意事项等，工作组员对分工有疑问或没听清楚的向工作执行人提出，工作执行人进行解答。

2.3 工作执行人根据作业现场情况（必要时画出简图）向全体工作组员讲解，详细介绍作业地点、作业范围及其地理环境、需停电设备、封闭线路及道岔、装设地线位置及数量、作业点附近有电设备、各自所乘坐的车辆、作业过程中车辆停车位置等重点事项。

2.4 工作执行人提问，了解工作组员对工作票内容、设备状况和作业条件的了解情况。

2.5 工作执行人安排检修方案和安全措施。

2.6 全体工作组员讨论检修方案和安全措施，根据检修方案、安全措施和分工进行岗位预想，并提出自己的意见和建议。岗位预想内容为：岗位职责和作业方案、安全措施、互控措施。

2.7 工作票签发人、安全员、工作组长、分公司跟天窗作业的干部等有关人员进行补充和提出要求。

2.8 工作执行人确定检修方案和安全措施，必要时学习有关规程和检修工艺；无疑问后宣布预想会结束。

3 工作执行人在分工和提出检修方案时应考虑的主要内容

3.1 设备检查、检修的项目，设备缺陷情况及处理方法。

3.2 检修步骤及技术标准，作业中需配合的主要环节的安排；在复杂地理环境下（如同杆架设线路、交叉跨越、翻越山沟等）每个工作组应注意的安全事项。

3.3 应准备的工具、材料及驻站位置、要令位置、防护位置及车辆停留位置等。

3.4 交通工具的路径、道路情况和安全措施，以及出车时间。

3.5 作业中可能发生的人身、设备、行车问题及对策，如感应电、反送电、高空坠落、误登支柱、车辆伤害等。

3.6 每个工作组员所承担的工作和要求，每个工作组员应携带的工具、材料，以及通信联络工具的品种及数量。

6.36 收工会工作标准

1 工作执行人汇报检修计划及停电、要令、消令时间等具体情况。

2 接地线监护人、工作组长（电力检修）汇报接、撤（拆）接地线及作业区防护

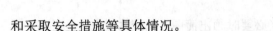

和采取安全措施等具体情况。

3　各作业小组具体汇报。首先，由操作人、工作组长详细汇报作业完成情况、标准化作业执行情况和作业中发现的设备缺陷、材料工具的使用情况、安全措施的落实情况、作业中存在的问题和改进建议等；其次，由地面辅助人员汇报辅助工作的执行情况，其他人员进行补充发言。

4　司机对作业过程中行车安全、配合情况进行汇报，对存在的问题提出整改建议。

5　工作执行人根据各小组汇报情况进行全面总结，主要包括以下内容：

5.1　检修计划的使用情况，若晚消令要说明具体原因，初步制定整改措施。

5.2　设备检修任务的具体完成情况、设备缺陷的处理情况及遗留的问题等。

5.3　人身安全情况，若有问题应及时指出，并定出下一步的防范措施，对发现的违章违纪情况应专门指出。

5.4　安全用具、工具、材料、通信用具的使用情况。

5.5　作业中交通工具的配合使用情况，交通安全情况。

5.6　作业中存在的其他问题等。

6　安全员、班组长、跟班作业干部对作业中人身安全、工作票安全措施的落实情况，关键部位和环节的作业安全措施是否到位，以及检修作业的组织情况、违章违纪情况、交通安全情况等进行补充。

7　工作执行人对作业中存在的问题和改进措施进行重申，无疑问后宣布收工会结束。收工会结束后，工作执行人及时填写收工会记录。

6.37　验电接地工作标准

（1）停电作业必须先进行验电接地。验电接地应由2人进行，1人监护，1人操作。操作人和监护人须穿绝缘靴、戴安全帽，操作人还须戴绝缘手套。

（2）使用验电器严格按照操作要求进行，选用同电压等级验电器，验电器自检良好后，先在同等电压等级有电设备上检查其性能，确认声光、信号显示正常后，对所有可能来电的方向验电。

（3）验明设备已停电后，须在作业地点两端，以及和作业地点相连可能来电的所有停电设备上装设接地线。

（4）装设接地线时，先将接地端与接地极连接，再用绝缘棒将另一端地线挂钩接到停电导体上。拆除接地线时，顺序相反，即先拆除停电导体端，再拆除连接接地端。整个过程中，人体不得触及接地线。

（5）在电气化有轨道电路的区段作业时，两端地线应接在同一侧钢轨上，且不得跨接在钢轨绝缘两侧。必须跨接在钢轨绝缘两侧时，应封闭线路。地线穿越钢轨时，必须采取绝缘措施。接好的接地线不得侵入建筑限界。

（6）接地线采用截面积不小于 25 mm² 的裸软铜绞线，不得有断股、散股和接头。接地时，要连接牢固，接触良好。

6.38 配电所巡视作业标准

（1）巡视一般由 2 人同时进行。不得打开高压柜后柜门，要与带电部分保持足够的安全距离。

（2）按规定时间进行巡视，巡视（含特殊巡视）时要事先通知站区，其他人员巡视要经配电工区同意。

（3）在雷雨天巡视室外高压设备时，要穿绝缘靴，戴安全帽，不得靠近避雷器。

（4）各种巡视均要认真记录。若发现危及设备运行的缺陷，在确保安全的情况下，要及时处理，并分别记入值班日志和设备缺陷记录表。

（5）高压设备发生接地故障时，人员在室内不得接近故障点 4 m 范围内，在室外不得接近故障点 8 m 范围内。确需进入上述范围的人员，需穿绝缘靴，接触设备外壳和构架时必须戴绝缘手套。

（6）巡视高压室、配电装置、端子箱完毕后，必须随手将门关好、锁好。

（7）站区管理人员应每月对管内设备巡视一次。

6.39 配电所要令消令工作标准

1 要令

1.1 作业前，工作执行人根据检修作业工作票向供电调度申请停电检修作业，申请时说明申请配电所、工作票号、作业内容、时间、安全措施、工作执行人姓名。

1.2 供电调度审查申请内容，确认无误后，发布停电作业命令。

1.3 供电调度发布停电作业命令时，配电检修人员要认真复诵，经供电调度确认无误后，给予命令编号和批准时间，并记入作业命令记录表，配电检修人员将命令编号和批准时间填入工作票。

2 消令

2.1 工作组作业全部完成后，工作执行人检查作业中涉及的所有设备，确认可以投入运行，工作执行人在工作票中填写结束时间。

2.2 拆除所有接地线，清点数目，并核对号码。

2.3 拆除临时防护栅、警戒带和标示牌，恢复常设防护栅和标示牌。

2.4 根据需要测量设备状态。

2.5 工作执行人向供电调度消除作业命令，消除时必须说清配电所及作业命令号，供电调度给出消令时间。

6.40 配电所倒闸作业标准

1 倒闸准备

1.1 工作执行人需编写倒闸表，倒闸表要经供电调度审查。

1.2 准备好绝缘靴、安全帽、绝缘手套、操作棒及要操作的开关钥匙。

1.3 需供电调度下令倒闸的断路器和隔离开关，倒闸前值班员要向供电调度提出申请。

2 接受倒闸命令

2.1 工作执行人在接生产调度倒闸命令时，要进行复诵。

2.2 工作执行人复诵完后，若供电调度审查无误，则给予倒闸命令编号和批准时间。无命令编号和批准时间的倒闸命令无效。

3 倒闸操作

3.1 倒闸时，由工作执行人监护，操作人进行操作。

3.2 监护人和操作人均必须穿绝缘靴、戴安全帽，操作人戴绝缘手套。

3.3 倒闸时监护人要手执操作卡片或倒闸表与操作人共同核对设备位置，进行呼唤应答，手指眼看。

3.4 倒闸操作要迅速准确，中途不得停留和发生冲击。

4 倒闸结束

倒闸作业完成后，工作执行人立即向供电调度报告，供电调度发布完成时间，倒闸作业结束。

6.41 配电所开工工作标准

（1）停电作业时，由工作执行人向供电调度办理工作票，在供电调度命令下进行必要的倒闸，按照工作票要求逐项做好安全措施。

（2）工作执行人按工作票的要求检查作业地点的安全措施，并向操作人指明准许作业范围、接地线和旁路设备位置、附近有电的设备，以及其他有关注意事项。

（3）确认无误后在工作票上签字，工作票交工作执行人，工区留存。

（4）工作执行人在作业地点向全体工作组员宣读工作票，对人员进行合理分工，落实工作岗位，明确停电设备及范围、附近带电的设备、允许作业的起止时间、作业内容、安全措施、作业的必备条件、作业地点的特殊要求、作业的程序和技术要求、仪器仪表的技术性能和使用方法等内容，方可开工。

6.42 配电所收工工作标准

（1）作业全部完成后，工作执行人确认人员、机具、材料已全部撤离现场。

（2）工作执行人确认作业中涉及的所有设备状态良好，现场具备送电条件后在工作票上签字。

（3）工作许可人拆除安全措施，核对地线数目，恢复常设标示牌，按工作票逐一核对无误后通知供电调度消令，并在工作票中填写结束时间。

（4）工作执行人向供电调度申请消除停电作业命令后，作业方告结束，并按照供电调度下达的倒闸命令恢复供电。

6.43 配电所单装互感器检修作业标准

1 检修准备

1.1 组织

序号	项目	单位	数量	备注
1	工作执行人	人	1	
2	工作组员	人	4	

1.2 工机具

序号	名称	规格	单位	数量	备注
1	呆扳手	10～18#	套	2	
2	组合工具	42 件	套	1	
3	钢丝刷		把	1	
4	油漆刷		把	2	
5	工具袋		个	1	
6	麻绳	5 m	条	1	直径 10 mm
7	人字梯	3 m、6 m	架	各1	
8	安全带		条	2	
9	注油机		台	1	
10	注油专用工具		套	1	厂家随设备配置
11	注油管		m	5	

1.3 材料设备

序号	名称	规格	单位	数量	备注
1	螺栓带帽		套	适量	据实确定
2	油漆		kg	适量	据实确定
3	瓷釉漆		kg	0.1	
4	变压器油	合格	kg	适量	据实确定
5	电力复合脂		kg	0.2	
6	清洗剂		kg	0.5	

序号	名称	规格	单位	数量	备注
7	抹布		kg	1	
8	砂纸	120#	张	2	
9	玻璃胶		kg	适量	
10	金属膨胀器		个	1	据实确定
11	二次小套管		个	1	据实确定

2 操作程序

2.1 工艺流程图

办理开工手续 → 外观检查 → 处理 → 填写记录 → 办理工作结束手续

2.2 操作方法

2.2.1 办理开工手续。

开工前按安全工作规程的要求办理工作票，做好安全措施，工作执行人在作业地点向全体工作组员宣讲工作票。

2.2.2 外观检查。

2.2.2.1 瓷体有无破损、裂纹、放电痕迹和瓷釉剥落现象。

2.2.2.2 金属膨胀器安装是否牢固，各部膨胀节有无明显变形、开裂现象，油位是否正常。

2.2.2.3 下部放油阀、瓷套管与底座、金属膨胀器本体等部位有无渗油现象。

2.2.2.4 一次引线的连接部分有无过热、烧伤痕迹和锈蚀；固定螺栓是否有松动现象。

2.2.2.5 出线盒密封是否良好，盒内二次接线端子有无氧化、烧伤，连接是否牢靠，二次小套管有无损坏。

2.2.2.6 电流互感器末屏及电压互感器 N 端接地是否良好。

2.2.2.7 油箱、储油柜、金属膨胀器及底座支架有无锈蚀，接地连接是否牢固。

2.2.3 处理。

2.2.3.1 清洁瓷体上的污垢和灰尘，必要时使用清洁剂。

2.2.3.2 瓷体瓷釉剥落面积不超过 $300\ mm^2$ 的，用瓷釉漆修补，否则应更换。

2.2.3.3 更换老化、开裂的耐油胶垫。

2.2.3.4 更换不合格的金属膨胀器、油位表。

2.2.3.5 当油位低于制造厂规定时，应进行补油。补油前，先用合格的变压器油将注油专用工具冲洗干净，然后从放油阀将合格的变压器油缓缓注入油箱内。注油时，应间断打开金属膨胀器上的排气阀，当油位指示符合厂家规定时，停止注油。但也有部分互感器从上部补油。

2.2.3.6 紧固一次引线松动的螺栓；必要时打开接线，用 120#砂纸将接触面打磨干净，均匀涂抹一层电力复合脂，重新连接。

2.2.3.7 清扫出线盒内的灰尘，更换损坏的二次套管，紧固二次端子，使之连接牢固，接触良好，并用玻璃胶封堵密封不严的出线孔。

2.2.3.8 若电流互感器末屏及电压互感器 N 端接地锈蚀或螺栓松动，应将接头用120#砂纸打磨，并紧固螺栓。

2.2.3.9 当互感器本体接地锈蚀时，应拆开接头，重新镀锡，涂抹电力复合脂后紧固。

2.2.3.10 对锈蚀的油箱、储油柜、底座支架进行除锈涂漆。

2.2.4 填写记录。

按要求填写检修记录。

2.2.5 办理工作结束手续。

收工时，应清理作业场地，办理工作票结束手续。

3 技术标准

3.1 设备安装应牢固，无倾斜，各部螺栓紧固；锈蚀面积不超过 5%，接地良好。

3.2 瓷体应清洁、无破损和裂纹、无放电痕迹，瓷釉剥落面积不超过 300 mm²。

3.3 电气连接部分应连接牢固，接触良好，无过热、烧伤痕迹；二次极性应正确。

3.4 互感器应无渗漏油现象，油位应符合厂家规定。

3.5 电流互感器末屏及电压互感器 N 端接地应良好。

4 注意事项

4.1 瓷套与油箱、储油柜的连接螺栓，如需紧固，应用力适度，松紧一致，以使其受力均匀。

4.2 作业中不得造成电压互感器二次线圈短路、电流互感器二次回路开路。

4.3 检修后的电流互感器备用线圈必须短封接地。

4.4 高空作业人员要系好安全带，工具不得抛掷传递。

6.44 配电所直流电源检修作业标准

1 检修准备

1.1 组织

序号	项目	单位	数量	备注
1	工作执行人	人	1	
2	工作组员	人	2	

1.2 工机具

序号	名称	规格	单位	数量	备注
1	呆扳手	12~18#	把	2	
2	组合工具		套	1	
3	万用表		块	1	
4	兆欧表	500 V	台	1	
5	吸尘器		台	1	民用
6	油漆刷	25 mm	把	2	
7	抹布		kg	1	

1.3 材料设备

序号	名称	规格	单位	数量	备注
1	砂纸	120#	张	4	
2	防锈漆		kg	1	
3	油漆		kg	1	据实确定
4	记号笔		支	1	
5	异形管		m	1	
6	电缆标牌		个	10	
7	标签		个	20	
8	熔断管		个	各 2	与装置匹配

2 检修程序

2.1 工艺流程图

办理开工手续 → 外观检查 → 处理 → 填写记录 → 办理工作结束手续

2.2 操作方法

2.2.1 办理开工手续。

开工前按安全工作规程的要求办理工作票，做好安全措施，工作执行人在作业地点向全体工作组员宣讲工作票。

2.2.2 外观检查。

2.2.2.1 测量并记录每个蓄电池的端电压，应符合说明书的规定，并判断蓄电池有无短路。

2.2.2.2 调整蓄电池液面高度，调整完成后拧紧气塞。

2.2.2.3 检查蓄电池各螺母、极柱及各连接板，清洗碱化表面并擦干。清扫蓄电池表面及蓄电池箱柜。

2.2.2.4 直流盘体安装牢固，无腐蚀、脏污并涂漆良好，直流系统整体对地绝缘良好。

2.2.2.5 检查盘上电压表、电流表的指示及监控装置显示的参数，应正确且信号正常。

2.2.2.6 检查绝缘监测装置。用短接线分别将直流输出的"+""－"瞬时对地短路，盘上的装置应能够正确地发出绝缘异常信号。

2.2.2.7 检查熔断管、接触器及触点和信号灯是否损坏。

2.2.3 处理。

2.2.3.1 用吸尘器和油漆刷对装置进行清洁。

2.2.3.2 调整倾斜的盘体，对锈蚀部分进行除锈涂漆。

2.2.3.3 更换不合格的零部件及导线等。

2.2.3.4 根据需要调整参数设定值。

2.2.3.5 处理或更换不合格的蓄电池及电解液。

2.2.3.6 对蓄电池组进行核对性充放电，必须保证整个蓄电池组放出容量在额定容量的85%以上。全密封型蓄电池的核对性充放电周期可适当延长。

2.2.4 填写记录。

按要求填写检修记录。

2.2.5 办理工作结束手续。

收工时，应清理作业场地，检查安全措施，恢复到位后办理工作票结束手续。

3 技术标准

3.1 装置清洁、无锈蚀，涂漆良好；端子连接紧固、排列整齐。

3.2 蓄电池极柱及各连接板连接牢固，表面清洁干燥。

3.3 每个蓄电池的端电压应符合说明书的规定。

3.4 电压表、电流表及监控装置显示的参数正确，信号正常。

3.5 直流操作母线电压波动不应超过额定值的±5%。

3.6 直流系统整体对地绝缘良好。

4 注意事项

4.1 作业工具的金属部分要用绝缘胶布缠好，不得造成短路、接地。

4.2 作业时防止人身触电。

4.3 作业时不得影响其他设备正常运行。

6.45 配电所低压盘（含端子箱）检修作业标准

1 检修准备

1.1 组织

序号	项目	单位	数量	备注
1	工作执行人	人	1	
2	工作组员	人	2	

1.2 工机具

序号	名称	规格	单位	数量	备注
1	油漆刷	40 mm	把	2	
2	钢丝刷		把	1	
3	记号笔		支	1	
4	万用表		块	1	
5	组合螺丝刀		套	3	

续表

序号	名称	规格	单位	数量	备注
6	组合工具		套	1	
7	克丝钳	250 mm	把	3	
8	尖嘴钳		把	3	
9	偏口钳		把	3	
10	剥线钳		把	1	
11	剪刀		把	1	
12	印号机		台	1	
13	工具袋		个	3	

1.3 材料设备

序号	名称	规格	单位	数量	备注
1	绝缘胶带		卷	各1	黄、绿、红、黑色
2	抹布		kg	0.2	
3	砂纸	120#	张	2	
4	砂纸	180#	张	2	
5	线号管		m	1	
6	密封条		m	1	
7	铝塑板	1 200 mm× 900 mm	块	2	
8	缝纫机油		mL	50	
9	短接线	4 mm^2	套	2	
10	电力复合脂		kg	0.5	
11	灰漆		kg	1	
12	黑漆		kg	1	
13	稀料		kg	1	
14	铜导线	BV2.5 mm^2	m	10	
15	铜导线	BV1.5 mm^2	m	10	
16	螺丝（栓）		套	适量	据实确定
17	继电器		个	适量	据实确定
18	仪表		套	适量	据实确定

序号	名称	规格	单位	数量	备注
19	端子排		个	适量	据实确定
20	熔断器		个	适量	据实确定
21	开关		个	适量	据实确定
22	连接片		片	适量	据实确定

2 检修程序

2.1 工艺流程图

办理开工手续 → 外观检查 → 处理 → 填写记录 → 办理工作结束手续

2.2 操作方法

2.2.1 办理开工手续。

开工前按安全工作规程的要求办理工作票，做好安全措施，工作执行人在作业地点向全体工作组员宣讲工作票。

2.2.2 外观检查。

2.2.2.1 盘体安装牢固、端正，盘面应无锈蚀，导线排列整齐，接地良好。

2.2.2.2 端子排、线号标识、电缆牌及各种设备标志是否齐全、正确、清楚。

2.2.2.3 对盘上各种灯具、开关、继电器、熔断器、仪表、配线、端子排连接片等装置进行外观检查。

2.2.2.4 检查各设备安装是否牢固，绝缘和接触是否良好，熔丝容量是否适当。

2.2.2.5 检查端子排有无烧伤、腐蚀痕迹，端子排和配线排列是否整齐，标示牌、标志、信号是否齐全、正确、清晰，端子排上螺丝是否松动。

2.2.2.6 检查继电器连接螺丝是否松动，继电器外壳应完整、清洁，继电器内部应无异音，接点无抖动、位置正常。

2.2.2.7 检查仪表指示有无异常。

2.2.2.8 检查端子箱的密封是否良好。

2.2.3 处理。

2.2.3.1 对盘体及各零部件进行清洁。

2.2.3.2 对盘体锈蚀部分使用钢丝刷或 120#砂纸打磨后，先涂一层防锈漆，待干燥后，再涂一层与盘体颜色相近的油漆；接地扁钢锈蚀处理方法同前，但外层油漆为黑色。

2.2.3.3 补齐缺少或模糊的导线、电缆等设备标识。

2.2.3.4 调整倾斜的盘体，紧固固定螺栓。

2.2.3.5 更换损坏的灯具、开关、继电器、熔断器（管）、仪表、配线、端子排、连接片、指示灯（泡）等装置。

2.2.3.6 调整排列不整齐的导线，紧固端子排上松动的螺丝；更换腐蚀或锈蚀的端子排。

2.2.3.7 更换不合格的端子箱密封条，对密封不良的箱底进行封堵，对室外端子箱门轴注入缝纫机油。

2.2.4 填写记录。

按要求填写检修记录。

2.2.5 办理工作结束手续。

收工时，应清理作业场地，办理工作票结束手续。

3 技术标准

3.1 室内盘面应无锈蚀，室外箱体锈蚀面积不超过总面积的 5%。

3.2 盘内外应清洁，端子箱密封良好。

3.3 盘上设备安装牢固，灯具、开关、熔断器、触头和灯泡的容量适当，绝缘和接触良好。

3.4 标示牌、标志、信号应齐全、正确、清楚。

3.5 端子排排列整齐、螺丝紧固、接触良好。

3.6 继电保护，自动装置及操作，信号测量回路所用的导线更换时，必须符合下列规定：

3.6.1 必须使用绝缘单芯铜线，导线中间不得有接头。

3.6.2 电流回路的导线截面不得小于 2.5 mm²；其他回路的导线截面不得小于 1.5 mm²；导线的绝缘应满足 500 V 工作电压的要求。

4 注意事项

4.1 作业工具必须有良好的绝缘手柄，金属部分要用绝缘胶布缠好，不得造成短路、接地。

4.2 作业人员须穿绝缘鞋或站在绝缘垫上。

4.3 作业时不得影响其他设备正常运行。

4.4 作业人员作业时，严禁造成交流电压回路短路、交流电流回路开路，直流回路不得接地或短路，防止误碰设备导致保护动作。

4.5 更换端子排、仪表、继电器、开关等，应注意在拆卸过程中要做好标记，防止连接时接错线。

4.6 油漆稀料等易燃品应放在室外，随用随拿，用后立即拿回室外。调漆须在室外进行。

6.46　配电所高压母线检修作业标准

硬母线检修工艺

1　检修准备

1.1　组织

序号	项目	单位	数量	备注
1	工作执行人	人	1	
2	工作组员	人	6	

1.2　工机具

序号	名称	规格	单位	数量	备注
1	安全带		条	3	
2	木梯	6 m	架	2	
3	人字梯	4.5 m	架	1	
4	定扭矩电扳手		套	1	
5	克丝钳	250 mm	把	1	
6	钢卷尺	5 m	把	1	
7	皮尺	30 m	把	1	
8	钢丝刷		把	1	
9	木锤		把	1	
10	平锉	细纹	把	1	
11	手工钢锯		把	1	

续表

序号	名称	规格	单位	数量	备注
12	煨弯器		个	1	
13	台钻	16 mm	台	1	
14	台钳	300 mm	台	1	
15	熔锡罐		个	1	
16	油漆刷	25 mm、40 mm	把	各 2	

1.3 材料设备

序号	名称	规格	单位	数量	备注
1	电力复合脂		kg	0.2	
2	砂纸	120#	张	5	
3	防锈漆		kg	5	
4	螺栓带帽		套	适量	据实确定
5	油漆		kg	适量	据实确定
6	瓷釉漆			适量	
7	焊锡		kg	适量	
8	焊锡膏		盒	2	
9	矩形母线		m	10	据实确定
10	麻花钻头	$\phi8\sim24$ mm	套	1	

2 操作程序

2.1 工艺流程图

办理开工手续 → 外观检查 → 处理 → 填写记录 → 办理工作结束手续

2.2 操作方法

2.2.1 办理开工手续。

开工前按安全工作规程的要求办理工作票，做好安全措施，工作执行人在作业地点向全体工作组员宣讲工作票。

2.2.2 外观检查。

2.2.2.1 硬母线有无裂纹、烧损、变形、脱漆及变色。

2.2.2.2 支持绝缘子是否固定牢靠且与安装面垂直，有无破损、爬电痕迹；金属部位有无锈蚀，接地是否良好。

2.2.2.3　母线固定金具有无锈蚀、裂纹以及放电痕迹，螺栓是否松动。

2.2.2.4　母线固定金具与支持绝缘子间的固定是否平整、牢固。

2.2.2.5　硬母线的接触面应连接紧密，用定扭矩电扳手检查连接螺栓的紧固力矩是否符合要求。

2.2.3　处理。

2.2.3.1　对轻微烧伤的母线用平锉和砂纸打磨至光滑平整；变形的母线用木锤敲打矫正；裂纹、烧损严重的硬母线应予以更换。

2.2.3.2　对脱漆及变色严重的母线重新涂刷与母线相色一致的油漆。

2.2.3.3　用定扭矩电扳手紧固松动的母线连接螺栓，力矩值要求见本工艺技术标准。对于接触面不密贴的接头，要拆开用木锤敲平，用细纹平锉打磨接触面、涂电力复合脂后恢复连接。

2.2.3.4　母线固定金具轻微锈蚀的，应进行除锈涂漆；对锈蚀严重和有裂纹的予以更换。紧固金具及其与支持绝缘子间的松动螺栓。

2.2.3.5　调整倾斜的支持绝缘子，紧固固定螺栓；对脱釉面积不超过 300 mm² 的瓷瓶涂瓷釉漆；对破损、脱釉面积超标和爬电的瓷瓶进行更换；对绝缘子金属部位除锈涂漆。

2.2.3.6　对锈蚀的地线镀锡接头重新进行镀锡处理。

2.2.4　填写记录。

按要求填写检修记录。

2.2.5　办理工作结束手续。

收工时，应清理作业场地，办理工作票结束手续。

3　技术标准

3.1　母线连接螺栓的紧固力矩值应符合下列规定。

钢制螺栓的紧固力矩值

螺栓规格/mm	力矩值/（N·m）	螺栓规格/mm	力矩值/（N·m）
M8	8.8～10.8	M16	78.5～98.1
M9	17.7～22.6	M18	98.0～127.4
M12	31.4～39.2	M20	156.9～196.2
M14	51.0～60.8	M24	274.6～343.2

3.2　母线平置时，贯穿螺栓应由下往上穿；其余情况下，螺母应置于维护侧，螺栓长度宜露出螺母 2～3 扣。

3.3　在母线的螺栓连接及支持连接处、母线与电器的连接处以及距所有连接处 10 mm 以内的地方，不应刷相色漆。

3.4　母线的其他技术要求按《电气装置安装工程　母线装置施工及验收规范》（GB 50149—2010）执行。

4　注意事项

4.1　检修作业人员与带电部分要保持足够的安全距离。

4.2　高空作业人员要系好安全带，戴好安全帽。在作业范围内的地面作业人员也必须戴好安全帽。

4.3　高空作业的工具、零部件、材料传递，应使用工具袋和提绳，不得抛掷传递。

4.4　作业时不得登踩母线、支持瓷瓶和设备。

6.47　配电所接地装置检修作业标准

1　检修准备

1.1　组织

序号	项目	单位	数量	备注
1	工作执行人	人	1	
2	工作组员	人	2	

1.2　工机具

序号	名称	规格	单位	数量	备注
1	电焊机	6 kW	台	1	
2	梯子	6 m	架	1	
3	麻绳	ϕ10 mm	m	12	
4	工具袋		个	2	

序号	名称	规格	单位	数量	备注
5	脚扣		副	1	
6	手锤	0.5 kg	把	2	
7	手工钢锯		把	2	
8	台虎钳	200 mm	台	1	
9	平锉	中粗400	把	2	
10	麻绳	ϕ10 mm	m	12	
11	电缆线	3×4.0	m	50	长度随实际增减

1.3 材料设备

序号	名称	规格	单位	数量	备注
1	镀锌螺栓带帽		套	适量	
2	焊条	ϕ3.2 mm	根	适量	
3	圆钢		m	适量	据实确定
4	扁钢		m	适量	据实确定
5	防锈漆		kg	0.5	
6	黑漆		kg	0.5	
7	钢丝刷		把	2	
8	油漆刷	25 mm	把	2	
9	砂纸	120#	张	2	
10	手工锯条		根	10	

2 检修程序

2.1 工艺流程图

办理开工手续 → 外观检查 → 处理 → 填写记录 → 办理工作结束手续

2.2 操作方法

2.2.1 办理开工手续。

开工前按安全工作规程的要求办理工作票，做好安全措施，工作执行人在作业地点向全体工作组员宣讲工作票。

2.2.2 外观检查。

2.2.2.1 检查地面上和电缆沟内的接地线、接地端子应完整，无锈蚀、损伤、断裂及其他异状；与设备连接牢固，接触良好。

2.2.2.2 检查铁路岔线钢轨及接地网各自与回流线间的连接接头，应连接牢固，接触截面符合规定。

2.2.2.3 检查每台设备的接地线，应无串联现象。

2.2.2.4 接地线与电气设备连接牢靠，接触良好。

2.2.3 处理。

2.2.3.1 对锈蚀部分除锈涂漆。

2.2.3.2 对开焊或焊接不牢的连接部位进行补焊。

2.2.3.3 对松动的连接螺栓进行紧固，锈蚀严重的螺栓应更换。

2.2.4 填写记录。

按要求填写检修记录。

2.2.5 办理工作结束手续。

收工时，应清理作业场地，办理工作票结束手续。

3 技术标准

3.1 接地线、接地端子应完整，无锈蚀、损伤、断裂，与设备连接牢固、接触良好。

3.2 接地线搭接时，圆钢搭接长度为直径的 6 倍，扁钢搭接长度为两倍宽度且三面焊接。

3.3 地面上的接地线要涂黑漆；接地端子应使用镀锌螺栓连接。

4 注意事项

4.1 雷、雨天气禁止作业。

4.2 对断开作业的回流线，必须有可靠的旁路线。

4.3 高空作业时要系好安全带，使用绳索传递工具、零部件和材料等，不得抛掷；地面操作人员戴好安全帽。

4.4 禁止在同侧上下作业。

6.48　配电所电缆检修作业标准

1　检修准备

1.1　组织

序号	项目	单位	数量	备注
1	工作执行人	人	1	
2	工作组员	人	4	

1.2　工机具

序号	名称	规格	单位	数量	备注
1	组合螺丝刀		套	4	
2	克丝钳	250 mm	把	4	
3	呆扳手	10～18#	套	2	
4	平锉	中粗 400 mm	把	2	
5	三角锉		把	1	
6	钢丝刷		把	1	
7	油漆刷	25 mm、40 mm	把	各 2	
8	刨刃		把	1	
9	油漆刷	40 mm	把	3	
10	扫帚		把	3	
11	铁锹		把	2	圆头
12	簸箕		个	2	
13	铁镐		个	2	
14	工具袋		个	4	
15	电烙铁		个	1	功率据实确定
16	钢卷尺	5 m	个	2	
17	字牌模具		套	1	
18	标牌打印机		台	1	

1.3 材料设备

序号	名称	规格	单位	数量	备注
1	黑漆		kg	适量	
2	红漆		kg	适量	
3	防锈漆		kg	适量	
4	防腐剂			适量	据实确定
5	毛笔	小号	支	2	
6	绑线	$\phi 1.0$ mm	kg	2	
7	绝缘胶带		盘	5	
8	抹布		kg	3	
9	砂纸	120#	张	10	
10	电缆接线盒		个	2	
11	防火泥		kg	适量	
12	电缆标桩		个	适量	
13	电缆盖板		块	适量	
14	电缆标牌		个	适量	

2 操作程序

2.1 工艺流程图

办理开工手续 → 外观检查 → 处理 → 填写记录 → 办理工作结束手续

2.2 操作方法

2.2.1 办理开工手续。

开工前按安全工作规程的要求办理工作票，做好安全措施，工作执行人在作业地点向全体作业组员宣讲工作票。

2.2.2 外观检查。

2.2.2.1 电缆头和接线盒的外观有无破损，引线相间及对地绝缘距离是否符合规定。

2.2.2.2 电缆应排列整齐、固定可靠且不受张力，铠装无松散，无严重锈蚀和断裂，弯曲半径符合规定，接地良好；电缆保护管应完整无损、固定牢靠，管口密封；金属管锈蚀面积不得超过总面积的 5%。

2.2.2.3 电缆沟、电缆夹层内应无积水、杂物；支架完好，固定牢靠，无锈蚀；

盖板齐全，无严重破损。电缆沟通向室内的入口封堵完好，电缆夹层门应处于锁闭状态，防小动物措施完好。

2.2.2.4 直埋电缆覆盖的泥土无下陷和被水冲刷等异状。

2.2.2.5 电缆标桩及标志牌应齐全、正确、清晰，能防腐，埋设、挂装牢固。

2.2.3 处理。

2.2.3.1 清扫电缆沟、电缆夹层，清除沟内积水、杂物；处理电缆拖地，修补、封堵电缆沟通向室内的入口。

2.2.3.2 修补外观破损的电缆、电缆头、接线盒。

2.2.3.3 对电缆支架进行除锈涂漆。整修电缆标桩和标牌。更换破损严重的盖板。

2.2.3.4 对弯曲半径不符合要求的电缆进行调整，对排列不齐的电缆进行整理、绑扎。

2.2.3.5 对外层有防腐层的电缆涂刷防腐剂。

2.2.4 填写记录。

按要求填写检修记录。

2.2.5 办理工作结束手续。

收工时，应清理作业场地，办理工作票结束手续。

3 技术标准

3.1 电缆头和接线盒的外观应无破损，引线相间及对地绝缘距离应符合规定。

3.2 电缆应排列整齐、固定可靠且不受张力，铠装无松散，无严重锈蚀和断裂，弯曲半径符合表6-1规定，接地良好；电缆保护管应完整无损、固定牢靠，管口密封；金属管锈蚀面积不得超过总面积的5%。

表 6-1 电缆允许弯曲半径与电缆直径的倍值

电缆种类	电缆护层结构	允许倍值	
		多芯	单芯
控制电缆		10	—
橡皮绝缘电缆	裸铅护套	15	15
	橡皮或聚乙烯护套	10	15
	铠装铅护套	20	20
聚氯乙烯绝缘电缆	铠装或无铠装	10	10
交联聚乙烯电缆		15	15

3.3　电缆沟、电缆夹层内应无积水、杂物；支架完好，固定牢靠，无锈蚀，接地良好；盖板齐全，无严重破损。电缆沟通向室内的入口封堵完好。

3.4　直埋电缆覆盖的泥土应无下陷和被水冲刷等异状。

3.5　电缆桩及标志牌应齐全、正确、清晰，能防腐，埋设、挂装牢固。

3.6　回流电缆的保护管不得形成闭合磁路。

4　注意事项

4.1　揭开的混凝土电缆盖板，禁止反面朝上放置，以防折断。

4.2　检修电缆导电部分前，须对电缆充分放电。

4.3　高压电缆检修必须停电，低压电缆检修除摇测绝缘电阻外，一般可不停电。

4.4　进入电缆夹层要使用照明工具。

6.49　配电所继电保护及自动化装置检修作业标准

1　检修准备

1.1　组织

序号	项目	单位	数量	备注
1	工作执行人	人	1	
2	工作组员	人	3	

1.2　工机具

序号	名称	规格	单位	数量	备注
1	继电保护测试仪		套	1	
2	笔记本计算机		台	1	
3	组合工具	42 件	套	2	
4	万用表		块	1	
5	吸尘器		台	1	
6	电缆线盘	3 m×2.5 m	个	1	
7	试验线		根	适量	
8	防静电腕带		个	4	
9	对讲机		台	2	
10	线号标牌印号机		台	1	中英文

1.3 材料设备

序号	名称	规格	单位	数量	备注
1	保护插件		块	适量	据实确定
2	继电器		个	适量	据实确定
3	油漆刷	15 mm	把	2	
4	绝缘胶带		卷	1	
5	麂皮		m^2	适量	
6	螺栓		套	适量	据实确定
7	线号管		m	1	
8	软铜线	BVR 2.5 mm^2	m	10	
9	软铜线	BVR 1.5 mm^2	m	10	
10	接线端子		个	适量	据实确定
11	光收发器		个	2	
12	光纤导线		套	2	带插头
13	液晶显示屏		个	1	
14	装置面板		个	1	
15	排线		条	2	

2 操作程序

2.1 工艺流程图

办理开工手续 → 外观检查 → 解体检查 → 处理 → 检调试验 → 填写记录 → 办理工作结束手续

2.2 操作方法

2.2.1 办理开工手续。

开工前按安全工作规程的要求办理工作票，做好安全措施，工作执行人在作业地点向全体工作组员宣讲工作票。

2.2.2 外观检查。

2.2.2.1 装置安装是否牢固、端正，接地是否可靠。

2.2.2.2 接线排列是否整齐、连接良好；线号是否清晰、正确。

2.2.2.3 装置面板及盘上电源指示、运行状态、重合闸、告警及相关开关位置信号灯等显示是否正常。

2.2.2.4 光纤连接是否良好，通信状态是否正常。

2.2.2.5 继电器有无异音，外壳和玻璃有无破损，接点有无抖动。

2.2.3 解体检查。

2.2.3.1 断开装置电源，打开面板，拔下面板与保护插件之间的排线插头，检查装置内部的清洁状况是否良好；插拔件的插拔是否灵活、接触是否良好，针脚有无氧化、破损、变形等情况；元器件有无烧伤、变色、变形等情况。

2.2.3.2 检查继电器接点是否有烧伤和氧化、线圈有无过热变色、衔铁有无卡滞等现象。

2.2.4 处理。

2.2.4.1 用毛刷和吸尘器清扫装置内外的灰尘。

2.2.4.2 紧固松动的接线端子，更换不清晰的线号标识。

2.2.4.3 更换损坏的液晶显示屏、面板、排线、光收发器、光纤导线（带插头）及保护插件。

2.2.4.4 用麂皮擦拭氧化的继电器触点，更换损坏的继电器。

2.2.5 检调试验。

2.2.5.1 恢复排线和面板，接通装置电源。观察各种灯光信号显示及监控盘相关信息，应正常。

2.2.5.2 校验保护装置采样电量的精度应符合产品规定。

2.2.5.3 对每种保护装置逐项进行定值校验，应符合保护装置整定书的要求。

2.2.5.4 对继电器进行性能试验，应符合规定。

2.2.5.5 对断路器、隔离开关进行闭锁试验，应符合设计要求。

2.2.5.6 进行整体传动试验，保护装置和相关开关的整体动作及信号显示应正常。

2.2.5.7 进行主变备自投试验，分别模拟一路进线失压和一台主变故障，应符合自投逻辑且信号显示正常。

2.2.6 填写记录。

按要求填写检修记录和试验报告。

2.2.7 办理工作结束手续。

收工时，应清理作业场地，办理工作票结束手续。

3 技术标准

3.1 装置内外清洁，安装牢固、端正，接地可靠；接线排列整齐、连接良好；线号清晰正确。

3.2　装置面板及盘上电源指示、运行状态、重合闸、告警及相关开关位置信号灯等显示应正常。

3.3　光纤连接良好，通信状态正常。

3.4　继电器无异音，外壳和玻璃无破损，接点无抖动。

3.5　继电保护和自动装置压板、切换开关的位置、标识牌均正确。

3.6　导线截面不得小于 2.5 mm²，其他回路的导线截面不得小于 1.5 mm²，导线中间不得有接头，绝缘应满足 500 V 工作电压的要求。

3.7　元器件无烧伤、变形，插件插拔灵活、接触良好。

3.8　保护装置动作正确，信号转换及音响正常，动作误差应不超过±5%。

4　注意事项

4.1　装置内部清扫时，要格外小心，避免损伤元器件。

4.2　插件严禁带电插拔。

4.3　加压前，必须断开有关端子，防止二次反送电。

4.4　拆除接线时，应做好标记，以防错误恢复。

4.5　所用工具的金属部位必须用绝缘胶带包好，防止二次回路短路或接地。

4.6　作业时拆下的电压互感器二次端子须及时用绝缘胶带包好，以防短路、接地；电流互感器二次回路不得开路。

4.7　在全部或部分带电的盘上进行作业时，应将有作业的设备与运行设备以明显的标志隔开。

4.8　接触插件前，作业人员应在接地的金属上放电。

6.50　配电所远动装置检修作业标准

1　检修准备

1.1　组织

序号	项目	单位	数量	备注
1	工作执行人	人	1	
2	工作组员	人	4	

1.2 工机具

序号	名称	规格	单位	数量	备注
1	万用表		块	2	
2	组合工具	42件	套	2	
3	网线钳		把	1	
4	吸尘器	小型	台	2	
5	毛刷	7.5 mm	把	2	
6	毛刷	25 mm	把	4	
7	继电保护测试仪		套	1	

1.3 材料设备

序号	名称	规格	单位	数量	备注
1	螺栓带帽			适量	据实确定
2	通信管理装置		套	1	据实确定
3	插件		套	1	据实确定
4	连接线缆		套	适量	含光纤、网线
5	线缆接插头			适量	
6	电源开关			适量	据实确定
7	打印机易损件		套	1	据实确定

2 检修程序

2.1 工艺流程图

办理开工手续 → 调度端检查维护 → 执行端检查维护 → 填写记录 → 办理工作结束手续

2.2 检修方法

2.2.1 办理开工手续。

开工前按安全工作规程的要求办理工作票，做好安全措施，工作执行人在作业地点向全体工作组员宣讲工作票。

2.2.2 调度端检查维护。

2.2.2.1 清扫装置各部件，紧固端子排连接螺栓；检查联线电缆，应无断裂、破损。

2.2.2.2 检查信号显示是否正常，应信息量齐全无丢失。

2.2.2.3 检查通道发送电平、噪声、信噪比及通道传输指标是否符合产品规定。

2.2.2.4 按产品说明书要求调试远动的自诊断程序进行自校，应无异常。

2.2.2.5 进行装置整组功能检查，应正常。

2.2.2.6 对不停电电源的蓄电池进行恢复性充放电。

2.2.2.7 校对系统时钟。

2.2.2.8 备份服务器的有关库文件数据，删除冗余数据。

2.2.2.9 测试系统遥测量、变位、传送时间误差及数据传输误码率。

2.2.2.10 接地应良好。

2.2.2.11 更换不良部件或易损附属装置。

当上述检查出现异常时，按产品维护手册查找原因，及时处理。

2.2.3 执行端检查维护。

除按调度端 2.2.2.1～2.2.2.3、2.2.2.5、2.2.2.7、2.2.2.10～2.2.2.11 项要求外，还应检查遥控继电器的动作情况，并核对遥信、遥测信息的正确性和精度。执行继电器应动作正常，无烧损、粘连，遥控、遥测功能正常。

2.2.4 填写记录。

按要求填写检修记录。

2.2.5 办理工作结束手续。

收工时，应清理作业场地，检查安全措施，恢复到位后办理工作票结束手续。

3 技术标准

3.1 装置各部件无积尘，螺栓无松动，线缆无断裂、破损。

3.2 遥控、遥信、遥测、遥调功能正常，数据显示正确。

3.3 调度端与执行端时钟显示正确、一致。

3.4 接地连接可靠、正确。

4 注意事项

4.1 维护各功能模块时，必须关掉相应的电源，严禁带电拔插板件、线缆。

4.2 线缆插拔时，应做好标记，防止混乱出错。

6.51 发电机安全操作规程

（1）发电机启动前必须认真检查各部分接线是否正确，各连接部分是否连接牢靠，电刷是否正常。

（2）作业前检查内燃机与发电机传动部分，应连接可靠，输出线路的导线绝缘良好，各仪表齐全、有效。

（3）启动前应先将励磁变阻器的电阻值放在最大位置上，然后切断供电输出主开关，接合中性点接地开关。有离合器的机组，应先启动内燃机空载运转，待正常后再接合发电机。

（4）启动后检查发电机，在升速中应无异响，滑环及整流子上电刷接触良好，无跳动及冒火花现象。待运转稳定，频率、电压达到额定值后，方可向外供电。载荷应逐步增大，三相应保持平衡。

（5）发电机开始运转后，即应认为全部电气设备均已带电。

（6）发电机连续运行的最高和最低允许电压值不得超过额定值的±10%，其正常运行的电压变动范围应在额定值的±5%以内。当功率因数为额定值时，发电机额定容量应不变。

（7）发电机在额定频率值运行时，其变动范围不得超过±0.5 Hz。

（8）发电机功率因数不得超过迟相（滞后）0.95。有自动励磁调节装置的，可在功率因数为1的条件下运行，必要时可允许短时间在迟相 0.95~1 的范围内运行。

（9）发电机运行中，应经常检查并确认各仪表指示及各运转部分正常，并随时调整发电机的载荷。定子、转子电流不得超过允许值。

（10）停机前应先切断各供电分路主开关，逐步减少载荷，然后切断发电机供电主开关，将励磁变阻器复位到电阻最大值位置，使电压降至最低值，再切断励磁开关和中性点接地开关，最后停止内燃机运转。

6.52　台钻安全操作规程

（1）工件必须可靠地固定在工作台上，使用模具钻孔时，工件和模具均必须固定好。

（2）严禁戴手套和围巾操作台钻。

（3）钻头卡箍及装卡工具要完整。

（4）使用前应先调整好台钻摇臂高度或角度，并将其及时拧紧，然后再进行空车试运转，待运转正常后，方可进行钻孔。

（5）工件的装卡、挡靠要稳固，必须用台虎钳等夹紧或用压板压住，不得随钻头转动或随钻头带起。

（6）松紧钻头卡箍要使用专用工具，禁止敲击。使用楔铁卸钻头时，敲击用力不宜过大。

（7）加工薄工件或钻透孔时，工件下面应垫好木板。

（8）钻小工件物的孔，必须用钳子夹着，不可用手拿着钻；钻孔将透时，不可用力过大。

（9）必须把钻头对准工作台孔，以免钻伤钻台。钻孔时，底下不准垫铁板，要适当注油、注水。

（10）钻深孔钻屑不宜排出时，钻进和退出除屑应交替进行。

（11）钻孔过程中，如遇停电或机床发生故障，应及时退出钻头，然后切断电源。

（12）钻孔操作人员的头部不准靠近旋转部位，并禁止把管子套在进手柄上加压钻孔。

（13）压钻用力要均匀，不得另加杠杆强力压钻。人要站稳，扶钻要正。

（14）当钻杆未停稳时，不准用手捏钻卡箍。工作完毕后，应将操纵手柄放在零位，切断电源。

6.53　油锯操作规程

（1）检查各部分紧固件是否松动。

（2）加燃油时，按规定比例对油进行混合，并过滤清洁，注意防火。

（3）在锯切过程中加燃油时，必须先停机，且待机冷却后再加燃油，并擦干净，待燃油挥发干净后再检查跳火和起动。

（4）起动时，先将风门关一半（热机可不关），再按压化油器加浓杆2～3次，锁住扳机，用脚踩住后把手，右手按前把手，左手平稳迅速地拉起动绳，一般3～5次即可起动，起动后不要突然松手，而要顺势送绳回位，起动后松开扳机，使扳机回到怠速位置，正常工作。

（5）严禁在发动机工作时调整锯链。

（6）操作时，应穿合适的工作服、防滑鞋，戴安全帽、防护眼镜、隔声耳塞。

6.54　交流弧焊机操作规程

（1）工作前，检查焊机电源线、引出线及各接线点是否良好。焊接二次线路及外壳，必须有良好接地，焊条的夹钳绝缘必须良好。

（2）下雨天不准露天焊接，在潮湿地带工作时，应站在铺有绝缘垫的地方并穿好绝缘鞋。

（3）推闸刀开关时，身体要倾斜些，要一次推足，然后开启焊机。

（4）移动焊机位置时，必须先停机断电。应注意焊钳和电线不致损坏，并有良好的接地线。

（5）焊接中突然停电，应立即关好焊机。

（6）换焊条时，应戴好手套，身体不要靠在铁板或其他导电物件上。敲焊渣时，应戴好防护眼镜，以防焊渣飞溅伤人。在进行焊接时，要注意避免铁水流下伤人。

（7）工作完毕后，关闭焊机电源，清理现场。

6.55　切割机操作规程

（1）穿好工作服，戴好防护眼镜。女工长发者应将头发盘起，戴上工作帽。

（2）对电源闸刀开关、锯片的松紧度、锯片护罩或安全挡板进行详细检查，操作台必须稳固，夜间作业应有足够的照明。

（3）打开总开关，空载试转几圈，待确认安全后才允许启动。

（4）严禁戴手套操作。如果在操作过程中会引起灰尘，要戴上口罩或面罩。

（5）不得试图切锯未夹紧的小工件（小于 15 cm）。

（6）不得进行强力切锯操作，在切割前要使电机达到全速。

（7）不允许任何人站在锯后面。

（8）不得探身越过或绕过锯机，锯片未停止时不得从锯或工件上松开任何一只手或抬起手臂。

（9）护罩未到位时不得操作，不得将手放在距锯片 15 cm 范围以内。

（10）维修或更换配件前，必须先切断电源，等锯片运动完全停止再开始工作，不得使用额定功率低于 4 800 转/min 的锯片。

（12）发现有不正常声音，应立刻停止切割作业并进行检查。

（13）关闭总电源，清洁、整理工作台和场地。

6.56　电力作业标准化用语

1. 主题内容与适应范围

（1）本标准规定了电力作业的标准化用语及电气运行、操作、请示等标准术语。

（2）本标准适用于电力标准化作业用语。

2. 电气运行术语

（1）断路器：系指能断合负荷及短路电流的开关，如真空断路器。

（2）隔离开关：系指只能起明显断路作用，不能带负荷断合的开关，如三级联动或单级隔离开关（简称刀闸）。

（3）运行：系指上、下隔离开关及断路器均在合位，向线路或设备输送电能。

（4）停运：系指上、下隔离开关及断路器均在分位，其自动位置在取消位置。

（5）备用：系指上、下隔离开关均在合位，而断路器在分位，一经断路器合闸，即能向线路或设备输送电能。

（6）自投解除：系指自动投入装置停用。

（7）重合闸装置解除：系指重合闸装置停用。

（8）备用先投：系指运行中的贯通线供电端的配电所由于各种原因，贯通柜断路器跳闸，相邻端配电所贯通柜断路器先于原配电所投入运行。

（9）主用先投：系指运行中的贯通线供电端的配电所贯通柜断路器因故跳闸，其自动重合闸时间先于邻所备投时间，使本所贯通柜断路器合闸投入运行。

（10）恢复备用：将断路器两端隔离开关合上，断路器在分位，自动装置投入运行。

（11）切换倒闸：指运行的一路电源，自动（手动）断开断路器，停止供电，并利用自动（手动）方式使另一路电源恢复供电的倒闸操作（其间有短时停电间隔）。

（12）并网倒闸：指两路电源并网和解列的倒闸操作。

3. 操作术语

（1）断路器	合上	断开
（2）隔离开关（刀闸）	合上	断开
（3）跌落丝具（另克）	合上	断开
（4）熔断器	装上	拔下
（5）接地封线	设置	拆除
（6）保护及自动装置	投入	解除
（7）变压器	投入	退出
（8）标示牌	挂上	摘下

4. 汇报术语

1）冠语

（1）××供电工队×××。

（2）××配电所（供电工区）×××。

2）汇报术语

（1）××母线电压×× kV。

（2）××电源（贯通）电流×× A。

（3）××点××分，××电源或馈出停止运行，解除备用，做好安全措施。

（4）××点××分，××电源或馈出已停止运行，解除备用，做好安全措施。

（5）××点××分，在××开关或××刀闸间做接地封线一组，挂牌一个。

（6）××点××分，在××地点拆除地线一组，摘牌一个。

（7）××点××分，解除（投入）××柜××保护。

（8）××点××分，××开关跳闸，自动重合成功（不成功）。

（9）将Ⅰ母线负荷全部并到（切到）Ⅱ母线，Ⅰ母线停止运行，解除备用，做好安全措施。

（10）××××工作××点××分工作结束，安全措施撤除，人员全部撤离，可以送电。

5. 电力倒闸操作呼唤应答标准

1）配电所操作呼唤应答标准化程序

（1）配电所的各种倒闸作业，当值班员接到倒闸任务、命令后，必须根据倒闸票和调度命令内容、程序，确认无误后方可进行实际倒闸操作（故障处理时除外，但应在值班日志中做好记录）。

（2）操作时，监护人手执倒闸票，操作人和监护人共同核对实际设备位置，进行呼唤应答，手指眼看，准确、迅速操作。

2）模拟操作标准化用语

操作断路器

监护人："合上（或断开）××××断路器。"

操作人："合上（或断开）××××断路器。"

操作隔离开关

监护人："合上（或断开）××××隔离开关。"

操作人："合上（或断开）××××隔离开关。"

3）实际操作标准化用语

操作断路器

（1）监护人："合上（或断开）××××断路器。"

　　操作人："合上（或断开）××××断路器。"

（2）监护人："合（或断）。"

　　操作人："××××断路器已合上（或断开）。"（执行完毕后再回答）

操作隔离开关

（1）监护人："合上（或断开）××××隔离开关。"

操作人："合上（或断开）××××隔离开关。"

（2）监护人："合（或断）。"

操作人："××××隔离开关已合上（或断开）。"（执行完毕后再回答）

6. 供电工区操作呼唤应答程序

供电工区的各种倒闸作业，必须根据倒闸票或调度命令进行操作。实际操作时，监护人手执倒闸票，操作人和监护人共同核对实际设备位置，按规定呼唤应答、手指眼看，准确、迅速操作。

操作隔离开关

（1）监护人："合上（或断开）××线路（馈线、贯通线、电源线）××号杆隔离开关。"

操作人："合上（或断开）××线路（馈线、贯通线、电源线）××号杆隔离开关。"

（2）监护人："合（或断）。"

操作人："××号杆隔离开关已合上（或断开）。"（执行完毕后再回答）

操作自动开关

（1）监护人："合上（或断开）××××。"

操作人："合上（或断开）××××。"

（2）监护人："合（或断）。"

操作人："××××自动开关已合上（或断开）。"（执行完毕后再回答）

操作熔断器

（1）监护人："装上（或拔下）××××熔断器。"

操作人："装上（或拔下）××××熔断器。"

（2）监护人："装（或拔）。"

操作人："××××熔断器已装上（或拔下）。"（执行完毕后再回答）

7. 工作执行人与配电人员联系（外线作业）

1）停电联系

（1）工作执行人："根据×××供电工区××号工作票作业内容，需要停运×××配电所××柜并按工作票要求采取安全措施，×××供电工区工作执行人×××。"

（2）配电人员："根据×××供电工区××号工作票作业内容，需要停运×××配电所××柜并按工作票要求采取安全措施，××配电人员×××明白。"

（3）配电人员："×时×分××配电所××柜已停运，已采取安全措施，××配电人员×××。"

（4）工作执行人："×时×分××配电所××柜已停运，已采取安全措施，×××供电工区工作执行人×××明白。"

2）送电联系

（1）工作执行人："×××供电工区×时×分外线作业结束，现场安全措施已撤除，线路具备送电条件，×××供电工区工作执行人×××。"

（2）配电人员："×××供电工区×时×分外线作业结束，现场安全措施已撤除，线路具备送电条件，××配电人员×××明白。"（操作完毕后）

（3）配电人员："×××配电所××柜已投运，设备运行正常，×××配电人员×××。"

（4）工作执行人："×××配电所××柜已投运，设备运行正常，×××供电工区工作执行人×××明白。"

8. 工作执行人与工作许可人联系（外线）

1）作业前

（1）工作执行人："×时×分××配电所××柜已停运，外线开始采取安全措施，工作执行人×××。"

（2）工作许可人："×时×分××配电所××柜已停运，外线开始采取安全措施，工作许可人×××明白。"

采取安全措施后：

（3）工作许可人："×时×分外线安全措施已采取，可以开始作业，工作许可人×××。"

（4）工作执行人："×时×分外线安全措施已采取，可以开始作业，工作执行人×××明白。"

2）作业结束后

（1）工作执行人："×时×分作业已结束，人员已撤离，现场安全措施已撤除，工作执行人×××。"

（2）工作许可人："×时×分作业已结束，人员已撤离，现场安全措施已撤除，工作许可人×××明白。"

（3）工作许可人："×时×分现场安全措施已撤除，工作许可人×××。"

（4）工作执行人："×时×分现场安全措施已撤除，工作执行人×××明白。"

9. 工作执行人与值班员（工作许可人）联系（所内作业）

1）作业前

（1）工作执行人："根据×××（工区名称）××号工作票作业内容，需要停运×××配电所××柜并按工作票要求采取安全措施，×××（工区名称）工作执行人×××。"

（2）配电人员："根据×××（工区名称）××号工作票作业内容，需要停运×××配电所××柜并按工作票要求采取安全措施，××配电人员×××明白。"（操作完毕后）

（3）配电人员："×时×分×××配电所××柜已停运，已采取安全措施，可以开始作业，××配电人员×××。"

（4）工作执行人："×时×分×××配电所××柜已停运，已采取安全措施，可以开始作业，×××（工区名称）工作执行人×××明白。"

2）作业结束后

（1）工作执行人："×时×分×××（工区名称）作业已结束，人员已撤离，×××（工区名称）工作执行人×××。"

（2）配电人员："×时×分×××（工区名称）作业已结束，人员已撤离，配电人员×××明白。"

（投运完毕后）

（3）配电人员："×××配电所××柜已投运，设备运行正常，×××配电人员×××。"

（4）工作执行人："×××配电所××柜已投运，设备运行正常，×××（工区名称）工作执行人×××明白。"

6.57　作业安全控制

1. 电力作业安全控制

1.1　三不停电

（1）没有正确的工作票、倒闸票不停电。

（2）没有联系好登记要点、没签字不停电。

（3）任务不明、停电及影响范围不明不停电。

1.2 六不送电

（1）没有工作执行人签认许可不送电。

（2）没有办理正确的倒闸票不送电。

（3）送电范围不清楚不送电。

（4）没有工作监护人不送电。

（5）安全措施没有全部拆除不送电。

（6）工作现场未检查、工作组员未全部撤离不送电。

1.3 四必须

（1）必须核对作业对象，防止错登电杆。

（2）必须2人一组，互相监护，交替进行。

（3）必须从低压侧断开与停电设备有关的变压器和电压互感器，防止反送电。

（4）正杆时，必须撤离杆上人员，防止杆倒伤人。

1.4 八个环节

停电和恢复送电卡死"停、检、封、挂、摘、拆、送、验"八个环节。

2. 配电作业安全控制——设备检修"五必须"：

（1）必须按规定程序和要求签发、审核工作票及进行倒闸作业，防止错停电和误送电。

（2）必须对工作票中的安全措施办理到位并经确认后才能开始作业。

（3）必须按规定悬挂标示牌和设置作业监护人才能作业。

（4）交流盘、自用变压器及互感器等单独装置作业，必须做好防反送电措施。

（5）恢复安全措施后，人员和机具必须远离设备区。

> **提示**：人身远离危险，作业导向安全，严格做到"互控，他控，自控"，坚持安全、坚持标准，严标准、行标准，杜绝三违，坚持标准化作业。

附录 A 企业理念

A.1 行动指南

安全三卡控：人身远离危险 作业导向安全 设备消除隐患
生产三到位：巡视检修到位 检验克缺到位 专项整治到位
处置三把关：汇报协调把关 现场指挥把关 处理分析把关
管理三强化：标准执行强化 逐级负责强化 紧贴现场强化

A.2 问题理念

查找问题是责任 发现问题是水平
处理问题是关键 紧盯问题是精神

A.3　质　量　方　针

距离够不够　防护当不当
标示清不清　关得严不严
连得紧不紧　数据准不准
泄流畅不畅　性能良不良

A.4 供电专业停电作业人身防护十卡控措施

1. 卡控工作票专人签发
2. 卡控安全工器具检查、试验
3. 卡控作业人员按分工工作
4. 卡控不超范围作业
5. 卡控停电送电命令
6. 卡控验电接地确认
7. 卡控指示牌设置
8. 卡控标准化作业流程
9. 卡控全过程监护
10. 卡控恶劣天气停止作业

A.5　供电专业高处作业人身防护五卡控措施

1. 卡控作业人员持证上岗
2. 卡控工器具检查、试验
3. 卡控踏稳、抓牢、系好安全带
4. 卡控全过程监护
5. 卡控恶劣天气停止作业

A.6 供电系统基本规章"红线"

1. 登高作业时，未执行或简化人身安全卡控措施。

2. 在施工、检修、故障处理等各项作业中未确认、漏监护，造成误登杆、误操作；擅自使用解锁工具（钥匙）。

3. 未按规定程序，无令、无票、超范围等作业。

4. 未按照停送电作业卡控措施预约停送电、未验电接地、出现反送电等，造成安全措施错控、漏控。

5. 未按照规定要求使用安全的工器具，或使用未试验的安全工器具。

附录 B   标准化检修作业程序

B.1   供电标准化检修作业程序

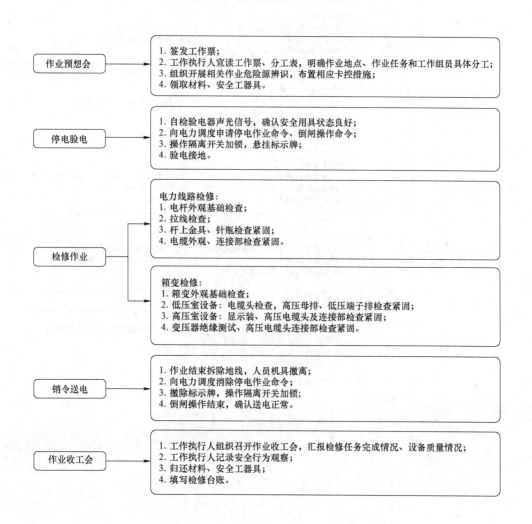

作业预想会 →
1. 签发工作票;
2. 工作执行人宣读工作票、分工表,明确作业地点、作业任务和工作组员具体分工;
3. 组织开展相关作业危险源辨识,布置相应卡控措施;
4. 领取材料、安全工器具。

停电验电 →
1. 自检验电器声光信号,确认安全用具状态良好;
2. 向电力调度申请停电作业命令、倒闸操作令;
3. 操作隔离开关加锁,悬挂标示牌;
4. 验电接地。

检修作业 →
电力线路检修:
1. 电杆外观基础检查;
2. 拉线检查;
3. 杆上金具、针瓶检查紧固;
4. 电缆外观、连接部检查紧固。

箱变检修:
1. 箱变外观基础检查;
2. 低压室设备:电缆头检查,高压母排、低压端子排检查紧固;
3. 高压室设备:显示装、高压电缆头及连接部检查紧固;
4. 变压器绝缘测试、高压电缆头连接部检查紧固。

销令送电 →
1. 作业结束拆除地线,人员机具撤离;
2. 向电力调度消除停电作业命令;
3. 撤除标示牌,操作隔离开关加锁;
4. 倒闸操作结束,确认送电正常。

作业收工会 →
1. 工作执行人组织召开作业收工会,汇报检修任务完成情况、设备质量情况;
2. 工作执行人记录安全行为观察;
3. 归还材料、安全工器具;
4. 填写检修台账。

B.2 配电标准化检修作业程序

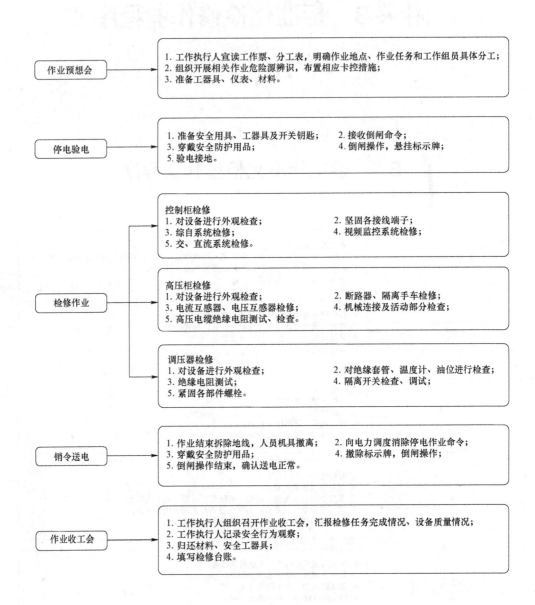

作业预想会	1. 工作执行人宣读工作票、分工表，明确作业地点、作业任务和工作组员具体分工； 2. 组织开展相关作业危险源辨识，布置相应卡控措施； 3. 准备工器具、仪表、材料。
停电验电	1. 准备安全用具、工器具及开关钥匙；　2. 接收倒闸命令； 3. 穿戴安全防护用品；　4. 倒闸操作，悬挂标示牌； 5. 验电接地。
检修作业	**控制柜检修** 1. 对设备进行外观检查；　2. 坚固各接线端子； 3. 综自系统检修；　4. 视频监控系统检修； 5. 交、直流系统检修。 **高压柜检修** 1. 对设备进行外观检查；　2. 断路器、隔离手车检修； 3. 电流互感器、电压互感器检修；　4. 机械连接及活动部分检查； 5. 高压电缆绝缘电阻测试、检查。 **调压器检修** 1. 对设备进行外观检查；　2. 对绝缘套管、温度计、油位进行检查； 3. 绝缘电阻测试；　4. 隔离开关检查、调试； 5. 紧固各部件螺栓。
销令送电	1. 作业结束拆除地线，人员机具撤离；　2. 向电力调度消除停电作业命令； 3. 穿戴安全防护用品；　4. 撤除标示牌，倒闸操作； 5. 倒闸操作结束，确认送电正常。
作业收工会	1. 工作执行人组织召开作业收工会，汇报检修任务完成情况、设备质量情况； 2. 工作执行人记录安全行为观察； 3. 归还材料、安全工器具； 4. 填写检修台账。